ABC DE L'ANALYSE TRANSACTIONNELLE

DU MÊME AUTEUR

Cette publicité qui nous dérange, Éditions Entente, 1982.

Être franc-maçon aujourd'hui, Marabout, 1994.

La Voyance, guide pratique, Éditions de Vecchi, 1994.

Le Guide du bon animateur, Marabout, 1994.

Vaincre le stress et le trac, Hachette, 1996.

Les Trucs anti-trac, Marabout, 1996.

Vers la confiance en vous, Éditions Dangles, 1997.

Le Guide des sciences parallèles, Éditions de Vecchi, 1997.

Guide du bénévolat et du volontariat, Marabout, 1998.

Consultez notre catalogue sur Internet :
http://perso.wanadoo.fr/grancher/

ISBN 2-7339-0617-8 — ISSN 0761-019X.

Gilbert Garibal

ABC DE L'ANALYSE TRANSACTIONNELLE

Mieux communiquer pour mieux vivre

Collection dirigée par Michel Grancher

JACQUES GRANCHER
98, rue de Vaugirard
75006 Paris

COLLECTION «ABC»

Ésotérisme

ABC de l'Astrologie, D. de Caumon-Paoli
ABC de la Cartomancie, G. Sciuto
ABC de l'Astrologie chinoise, D. de Caumon
ABC des Tarots, C. Silvestre
ABC du Yi-King, B. Ducourant
ABC de la Géomancie, A.-M. Cacciaguerra
ABC du Magnétisme, J. Mandorla
ABC de la Numérologie, J.-D. Fermier
ABC des Prévisions astrologiques, D. de Caumon
ABC de la Radiesthésie, J.-L. Crozier et J. Mandorla
ABC de la Symbolique du tarot, C. Silvestre-Haeberlé
ABC des Runes, J.-P. Ronecker
ABC de la Numérologie chinoise, J.-D. Fermier
ABC de l'Astrographologie, S. Chermet-Carroy
ABC de l'Encromancie, U. Mukanda
ABC de la Magie blanche, P. Guérin
ABC des Coïncidences mystérieuses, J. Moisset
ABC de l'Énergie pyramidale, J. Warin
ABC des Pierres énergétiques, D. Mantez, J.-M. et M. Paffenhoff
ABC de l'Astrologie indienne, D. Huat
ABC de l'Astrologie karmique, L. Larzul

Psychologie

ABC de la Graphologie, M. Moracchini
ABC de l'Hypnose, É. Barone et J. Mandorla
ABC des Rêves, C. Genest
ABC de la Morphopsychologie, C. Binet
ABC de la Morphochirologie, M. Bouillon et P. Rouillier
ABC de la Généalogie, V. Gautier
ABC de la Psychologie, C. Morel
ABC de la Connaissance de soi, C. Blin
ABC de l'Ennéagramme, É. Salmon
ABC des Psychothérapies, C. Morel

Équilibre

ABC du Yoga, M.-F. Lemoine
ABC de la Géobiologie, D. Semelle
ABC de la Relaxation, J. Choque
ABC de la Médecine chinoise, N. Raphaël
ABC du Qi Gong, L. Dong
ABC des Chakras, D. Lecroq
ABC des Massages traditionnels thaïlandais, D. Lamboley
ABC de la Réflexologie plantaire, D. Lamboley
ABC des Biorythmes, P. Debarbieux

Santé

ABC des Élixirs floraux, E. et C. Maizierre
ABC de la Phytothérapie, docteurs Duraffourd, Lapraz et Valnet
ABC de la Numérologie médicale, docteur M. Rubin et M. Piétry-Vignat

À la mémoire d'Éric Berne

À André

Avec toute ma reconnaissance à :
Gysa Jaoui,
Claudie Ramond,
Rémy Filliozat,
Meyer Ifrah,
psychothérapeutes et chaleureux enseignants,
qui m'ont permis de découvrir les ressources
de l'analyse transactionnelle.

Et mes vifs remerciements à :
André Saint-Jalmes,
talentueux illustrateur de cet ouvrage.

PRÉFACE

« L'analyse transactionnelle ».

Que se cache-t-il derrière ces deux mots curieusement assemblés ? Une procédure commerciale ou juridique particulière ? La dernière acquisition de l'informatique ? Un système géométrique inédit ? Ou, qui sait, une théorie de nouveaux grammairiens ? Toutes ces éventualités sont plausibles si – et ce n'est guère évident – l'on ne subodore pas l'anglicisme que contient l'expression.

Le mot anglais « transaction *» qui apparaît ici en filigrane signifie « échange interpersonnel », et dans cet esprit l'analyse transactionnelle, comme son nom ne l'indique pas, est de fait un pertinent* modèle de communication.

Mon ami et confrère Gilbert Garibal vous dira plus avant de quelle manière est né outre-atlantique ce concept, après la Seconde Guerre mondiale, à partir de l'examen minutieux de l'interactivité humaine par une équipe de psychothérapeutes.

Nous l'avons découvert ensemble puis éprouvé pendant de nombreuses années, et l'utilisons dans nos domaines professionnels respectifs. Pour ma part, en milieu organisationnel, pour la sienne, dans la relation d'aide. Nous savons donc par expérience que l'analyse transactionnelle est un puissant instrument à la fois d'observation et d'amélioration du « commerce » avec soi et les autres.

Parce qu'il est vrai que, comme l'a dit Saint-Exupéry, le langage est le lieu même du mal*entendu, combien ai-je rencontré, lors de sessions en entreprises, de collègues de bureau ou d'atelier en discorde continuelle, de secrétaires incomprises de leurs patrons (et inversement), de chefs des ventes en conflit avec* *leurs commerciaux, eux-mêmes désespérés par leurs clients! Combien de fois Gilbert Garibal m'a-t-il dit être témoin, en animations de groupes, de dialogues devenus monologues croisés, de demandes de reconnaissance insatisfaites, d'expressions de sentiments non appréciées, de manipulations diverses et dommageables émanant des participants ?*

Or, dans les situations précitées, l'utilisation partagée entre les acteurs des « outils » de l'analyse transactionnelle s'est le plus souvent traduite sous nos yeux en termes de clarification des données, de bienveillance mutuelle, d'écoute réciproque, et finalement d'harmonie retrouvée.

C'est le vécu même de cette spécificité de l'« A.T. » à la résolution des problèmes qui a persuadé Gilbert Garibal d'écrire le présent ouvrage d'initiation, de surcroît abondamment illustré, que je suis heureux de vous présenter. Il est destiné à toutes celles et à tous ceux qui souhaitent parfaire leurs rapports sociaux. Mais, vous demandez-vous en lisant ces premières lignes, l'analyse transactionnelle... comment ça marche ?

L'auteur va vous expliquer en mots simples et avec le sourire que, en dehors de sa bizarre appellation, la méthode ne recèle aucun mystère! Le patient horloger qu'il est en a démonté pour vous tous les rouages. De la sorte, vous découvrirez que les trois composants de votre « Moi » – nommons-les, pour l'instant, l'expert, le logicien et le poète – ne sont pas forcément toujours en phase avec ceux de la personnalité des autres... d'où les courts-circuits! Et le psychosociologue qu'est aussi Gilbert Garibal vous indiquera comment, sans perdre votre spontanéité ni nuire à votre individualité, vous pourrez identifier vos « canaux de communication », comme ceux d'autrui, pour trouver ainsi la bonne « longueur d'onde » en toutes circonstances.

Certes, vous ne changerez pas le monde avec l'analyse transactionnelle, mais si vous le désirez et grâce à elle, il vous est loisible de changer votre vie. N'est-ce pas le plus beau projet que ce livre puisse vous aider à réaliser ?

ANDRÉ CASTORIANO.
Formateur en sciences humaines.

Tout a commencé quand l'hominidé et ses congénères, qui marchaient encore à quatre pattes, serrés les uns contre les autres, décidèrent un beau jour de se redresser...

Le choc était inévitable !

Passant soudain de l'horizontal au vertical, ils heurtèrent violemment leur crâne, d'abord à la voûte de la caverne, puis entre eux, par ricochets. De ces douloureuses confrontations en chaîne, jaillit un immense rugissement collectif, prémice du langage, qui résonna longtemps dans la plaine de Cro-Magnon.

Cette onomatopée léonine, consacrant du même coup l'homme, roi des animaux, ne sera traduite que beaucoup plus tard par Cambronne, célèbre général napo... léonien.

Ainsi, « pour de rire », comme dit l'enfant espiègle blotti en chacun de nous, peut-on imaginer l'aube de la communication. Et « pour de vrai », découvrir avec lui, au fil de ce livre, une approche originale de la relation humaine.

En l'espèce, une histoire qui tient debout !

L'HOMME EN QUESTIONS

« Nous ne sommes hommes et nous ne tenons les uns aux autres que par la parole. »
VOLTAIRE.

Au temps de l'énergie nucléaire et de l'informatique, le descendant des primates, devenu pressé et friand d'horizons nouveaux, a entrepris de raccourcir les distances.

L'homme, citoyen du monde, communique de plus en plus vite avec toutes les parties du monde et, après la lune, poursuit sa conquête de l'univers. L'homme, consommateur insatiable, absorbe goulûment, outre les derniers gadgets du progrès, sa ration quotidienne d'informations, par voie télévisuelle, radiophonique ou journalistique.

Mais partant, l'« *Homo médiaticus* », néanmoins animal social, communique-t-il mieux avec ses semblables ? L'homme est-il plus proche de l'homme ? De fait, apprend-il jamais à vraiment *communiquer*, au sens de « mettre en commun » qu'exprime ce verbe ?

Vous qui ouvrez ce livre, qu'en pensez-vous ? Entre nous, vous souvenez-vous avoir reçu à l'école ne serait-ce qu'une seule leçon de communication ?

Conscient de ces paradoxes et lacunes, un psychiatre américain d'origine canadienne, le docteur Éric Berne (1910-1970), s'est passionné pour les échanges interpersonnels. Avec son équipe, il en a minutieusement observé les mécanismes dans le champ social, jusqu'à les systématiser en une série de grilles de lecture.

– Comment l'homme communique-t-il ?
– Comment établit-il ses relations ?
– Quelle est la nature de ses échanges ?
– Quand échange-t-il ?
– Dans quelles conditions psychologiques ?
– Comment utilise-t-il son temps ?
– Quelle est l'influence de son environnement ?
– Comment construit-il son cadre de référence ?
– Est-il subordonné à un « plan de vie » ?

Autant de questions que s'est posées l'ingénieux praticien, à partir des comportements « donnés à voir » de l'être humain. Elles constituent l'organigramme même de sa technique… et le « conducteur » de notre ouvrage.

La curiosité du psychiatre fut largement récompensée. Il obtint les solutions à ses interrogations dans des milliers de réponses patiemment enregistrées, à l'hôpital et en clientèle privée. **Les informations recueillies alimentèrent peu à peu ce nouveau concept qui trouvait enfin sa fonction : permettre à chacun de se découvrir et d'appréhender les autres.**

Ainsi apparut au milieu des années cinquante, non seulement une nouvelle philosophie à visée humaniste mais encore, et surtout parce que Éric Berne était très pragmatique, une véritable « boîte à outils » à usage individuel et « groupal ».

C'est avec enthousiasme que l'Amérique – qui certes, aime les contes de fées mais possède un sens aigu du concret – accueillit cette théorie psychosociologique doublée d'une véritable pratique des rapports humains. Vingt ans après, elle atteignait l'Europe où, depuis, sa pénétration ne cesse de s'affirmer.

Nous vous présentons ici la méthode sous la forme inédite de séquences progressives, assorties de diagrammes, d'illustrations et – à la manière d'un rallye-promenade – de « feuilles de route ». Ces dernières sont organisées en questionnaires interactifs que nous vous invitons à remplir, au gré des jalons balisant chaque étape, pour composer votre « carnet de bord », témoin final de votre cheminement.

De la sorte, ce livre modulaire doit vous permettre de réaliser un merveilleux voyage. Celui qui, tout en donnant une nouvelle dimension à vos rencontres quotidiennes, vous conduira au centre de vous-même.

Bonne route !

Il était une fois l'analyse transactionnelle…

FEUILLE DE ROUTE N° 1

VOUS… EN QUESTIONS

1. Quels sont, selon vous, vos points forts et ceux à améliorer au plan relationnel ?

....

....

....

....

2. De quelle manière débutent généralement vos relations ?

....

....

....

....

3. Quelles sont vos occasions habituelles de dialogues ?

....

....

....

....

4. Quels sont les thèmes principaux de vos échanges ?

....

....

....

....

5. Que vous apportent ces échanges ?

....

....

....

....

6. Comment occupez-vous votre temps ?

....

....

....

....

7. Comment réagissez-vous à l'influence de votre entourage ?

....

....

....

....

8. Prenez-vous vos décisions plutôt spontanément, après réflexion, seul ou sur avis et conseils ?

....

....

....

....

9. Sur quels critères jugez-vous les autres ? Quels sentiments répétitifs vous inspirent-ils ?

....

....

....

....

10. Quels sont vos objectifs personnels et professionnels ?

....

....

....

....

PREMIÈRE ÉTAPE

UNE AFFAIRE D'ÉTATS

LES ÉTATS DU MOI

« Notre corps est l'édifice collectif de plusieurs âmes. »
FRIEDRICH NIETZSCHE

Profil du parcours
Qui êtes-vous ?

Comment votre personnalité est-elle organisée pour «fonctionner»?

Qu'est-ce qui détermine votre perception du monde et vos réponses à ses stimuli?

La neurologie nous indique en termes savants que vous êtes doté, comme tout un chacun, d'une «structure psychique» à trois niveaux et à triple mission:

– l'EXTÉROPSYCHÉ qui vous impose *la règle sociale* en vous conduisant à reproduire, de façon imitative, les directives et les jugements empruntés à vos parents ou éducateurs;

– la NÉOPSYCHÉ qui vous incite à transformer en expériences et réalisations, *les éléments d'information* que vous recevez de votre environnement;

– l'ARCHÉOPSYCHÉ qui vous fait extérioriser de manière spontanée *les réactions impulsives et affectives* commandées par vos besoins biologiques.

Ainsi, vous êtes en permanence conditionné par les trois composantes respectives et indissociables des «organes psychiques» précités. Autrement et simplement dit, vos réactions au monde et aux autres sont dictées par:

– votre CULTURE en tant que capital de valeurs et de codes transmis par vos géniteurs, ou acquis à la société;

– votre RAISONNEMENT comme faculté à formaliser les données et à résoudre les problèmes qui se présentent à vous;

– votre SENSIBILITÉ dans sa disposition à exprimer librement la gamme de vos émotions.

Pour utiliser une image, disons que les éléments constitutifs de votre personnalité fonctionnent simultanément, à l'instar d'un magnétophone à trois pistes enregistrant un concert. La bande magnétique de l'appareil restitue au mixage et dans leur ordre d'intervention, la voix du chanteur, celles des choristes et le son des instruments de l'orchestre.

Comme en musique, la psychologie a ses virtuoses. C'est à partir de cette trilogie du « Moi » revisité, que le talentueux compositeur et « arrangeur » Éric Berne a écrit son œuvre.

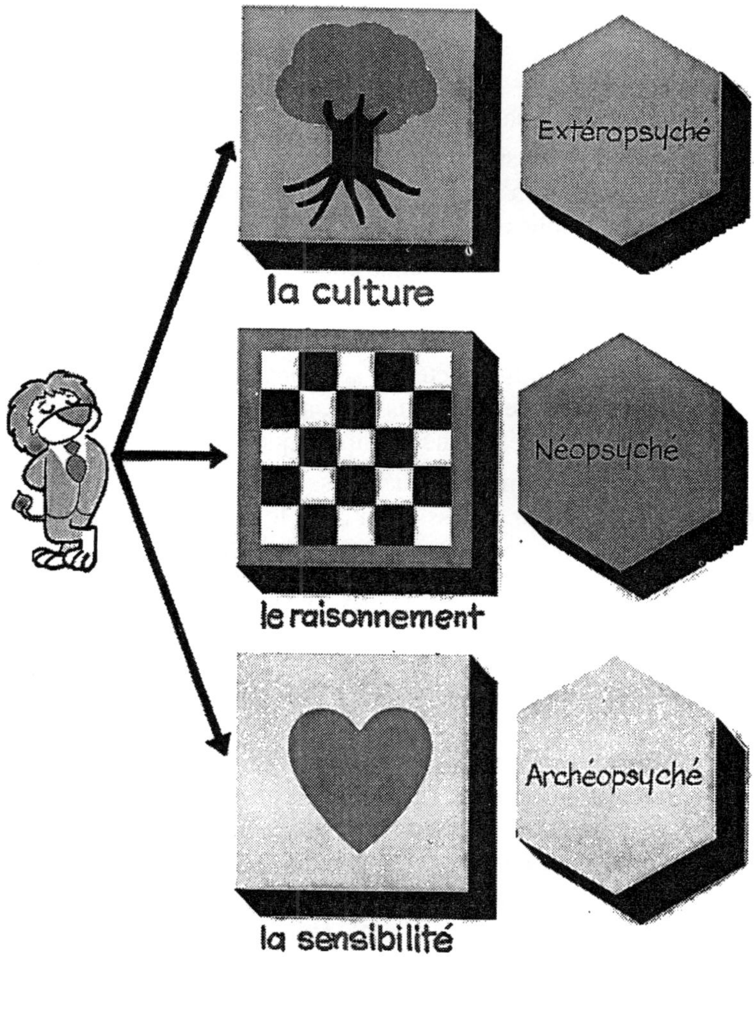

STRUCTURE DE LA PERSONNALITÉ

1er Jalon
Les états du Moi

La Psychanalyse et la psychiatrie à la portée de tous.

En publiant dès 1957 sous ce titre – quelque peu provocateur pour ses confrères ! – l'un de ses premiers livres de vulgarisation, Éric Berne affiche une double intention :

– débarrasser sa pratique, qu'il exerce depuis quinze ans, d'un langage ésotérique, à son avis intentionnel et, par là, inaccessible au grand public ;

– permettre ainsi à ses patients, en s'en rapprochant, de devenir les acteurs éclairés de leur propre cheminement.

Ce climat particulier, composé d'une relation égalitaire dans un temps partagé, qui caractérise ses consultations, favorise un nouveau comportement desdits patients devenus, en quelque sorte, *associés* à la démarche thérapeutique.

Berne remarque en effet qu'ils osent davantage « être eux-mêmes et se dévoiler », aussi bien dans le discours que dans le geste, sur le divan ou en face à face. Mis à l'aise, ils n'hésitent pas à exposer, en situation, leur propre personnage. Avec notamment la voix, les intonations, le vocabulaire, tantôt d'un parent autoritaire, sourcils froncés et doigt tendu, parfois d'un adulte calme et constructif, puis soudain d'un enfant plaintif, les larmes aux yeux.

Ainsi se confirme au praticien que la personnalité est sujette à la manifestation de *trois états d'esprit* impliquant trois fonctions « structurales » respectives : *l'identification, l'élaboration, la régression.* Ils les nomment « états du Moi » et les individualisent familièrement en *Parent, Adulte* et *Enfant* (avec une majuscule pour distinguer ces mots de leur sens habituel).

Cette « découverte » des états du Moi est fondamentale pour l'analyse transactionnelle, puisqu'ils en sont à la fois le premier outil et la clé de voûte.

Si, par la formation de son « inventeur », le concept doit beaucoup à la psychanalyse, il en diffère toutefois dans le processus. Alors que cette dernière explore le passé dans l'inconscient de l'individu, l'analyse transactionnelle se cantonne au présent, en observant ses réactions «ici et maintenant». Par ailleurs, pour Berne, les trois instances psychiques du modèle psychanalytique freudien, Surmoi (impératifs sociaux), Moi (conscient), Ça (inconscient), forment une construction théorique – qu'il ne renie certes pas –, tandis que l'articulation Parent-Adulte-Enfant compose, elle, une réalité phénoménologique.

Notons que la bizarre appellation d'«analyse transactionnelle» (sur laquelle nous reviendrons à la quatrième étape) a vite pris en France le diminutif plus pratique d'«A.T.», tout comme l'ensemble «Parent-Adulte-Enfant» y est devenu le «P.A.E», dans le jargon des utilisateurs.

Ce P.A.E, conçu selon son auteur tel «un système cohérent d'enregistrements», est symbolisé graphiquement par trois cercles superposés, en forme d'engrenages.

Symbolisation des états du Moi

Au plan structural, dit de *«1er degré»*, retenons que le Parent enregistre *l'appris* (valeurs, principes), que l'Adulte enregistre *le réfléchi* (langage, logique) et que l'Enfant assimile *le ressenti* (émotions, créativité).

2e Jalon
Des états dans l'État

Solidaires par définition, les états du Moi connaissent néanmoins un développement différent dans le temps. À la naissance, le Moi commence son édification à partir de l'état Enfant, qui contient déjà une esquisse non verbale de la personnalité. Ce n'est qu'à l'apparition du langage que se forme l'état Adulte, puis l'état Parent, imité des parents biologiques ou substitutifs. Cette évolution est symbolisée dans le schéma structural, dit de *second degré* (voir page 28).

L'état Enfant (E2) prend en compte « l'équipement de base » du petit d'homme, très tôt modelé par l'éducation, et qui lui servira toute sa vie, à savoir :

– Le conditionnement parental originel.

Exemple : la petite fille qui berce sa poupée, la lange et lui donne le biberon (P1 = Parent intériorisé dans l'Enfant).

– L'intelligence intuitive.

Exemple : le petit garçon qui reproduit en pâte à modeler l'automobile paternelle… persuadé de son démarrage (A1 = Adulte pré-logique et magique dans l'Enfant, surnommé le « Petit Professeur »).

– Les sentiments « naturels » non censurés.

Exemple : le bambin, devant la télévision, qui applaudit en riant bruyamment à un spectacle de clowns (E1 = enfant authentique dans l'Enfant).

L'état Adulte (A2), lui, est pleinement construit vers 12 ans (âge où un enfant peut comprendre l'analyse transactionnelle, indique Éric Berne). Il se forme dès la petite enfance, grâce aux apports familiaux et scolaires qui le conduisent au raisonnement logique, puis évolue ensuite continuellement, d'apprentissages en expériences.

L'état Parent (P2) apparaît dans le diagramme tel qu'il fonctionne plus tard. Il est composé de l'enregistrement des P.A.E. des père, mère ou substituts mais aussi du « stockage » des figures parentales importantes et successives (autorités religieuses, professeurs, entraîneurs sportifs, patrons, leaders politiques, etc.). Partant, cet état Parent s'enrichit toute la vie, comme l'état Adulte, avec l'intégration de nouveaux messages verbaux et non verbaux, complémentaires ou contradictoires.

Ces diverses influences familiales et culturelles entraînent donc des comportements d'imitation, ou de rejet à certains moments. Elles peuvent ainsi donner lieu à des situations conflictuelles dans l'état Parent même, ou entre états du Moi.

« L'enfer, c'est les autres », pense Jean-Paul Sartre. Question de point de vue. Comme le montre le schéma structural de la personnalité, n'oublions pas, puisque nous sommes leur résultat, que les autres… c'est nous !

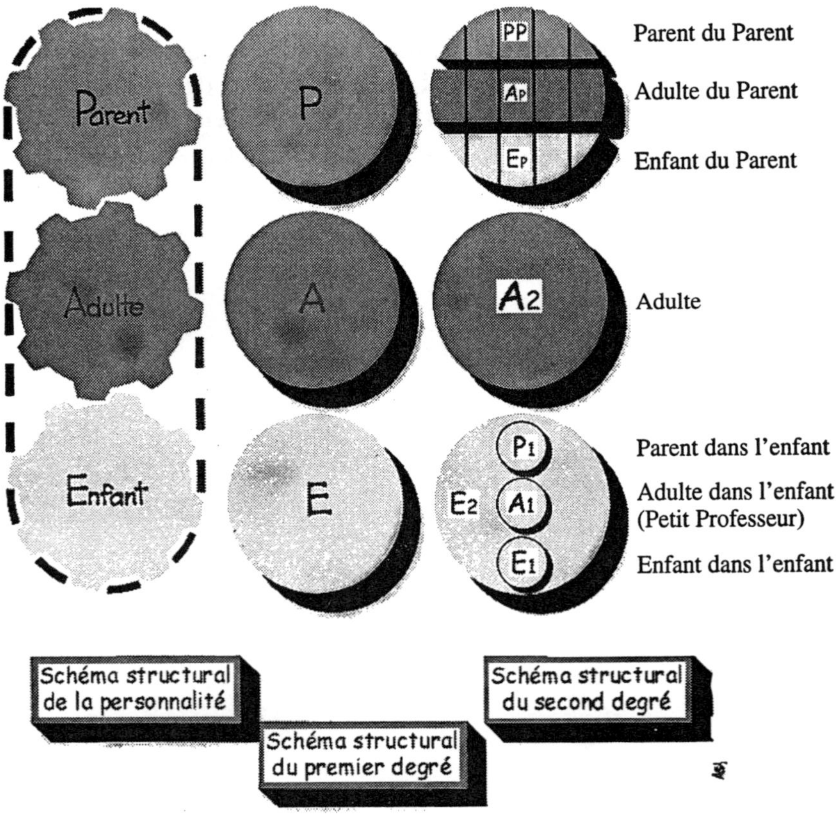

SCHÉMA STRUCTUREL DES ÉTATS DU MOI

FEUILLE DE ROUTE N° 2

VOS ÉTATS DU MOI

1. Pour vérifier le postulat de Berne sur les états du Moi et leur répartition, nous vous suggérons de vous mettre à l'écoute de vos voix intérieures. Isolez-vous, fermez les yeux et imaginez-vous enfant. Vous entendez la petite fille ou le petit garçon que vous étiez, en train de questionner votre Maman, votre Papa ou votre institutrice ou instituteur. Écoutez ensuite leurs réponses, leurs conseils. Notez-les ci-dessous.

....

....

....

....

....

....

....

....

....

....

....

....

....

....

....

....

....

....

....

....

....

....

....

....

2. Souvenez-vous aussi des propos que vous échangiez à la récréation avec les camarades de votre âge – plus grands ou plus petits – et de vos attitudes devant eux. Tour à tour, fonctionnaient déjà en vous le Parent, l'Adulte et l'Enfant. Comme ils fonctionnent toujours à présent, en permanence dans vos relations quotidiennes. Consignez quelques exemples d'échanges ci-après.

3e Jalon
L'organe crée la fonction

Après la constitution et la croissance des états du Moi, observons-en maintenant les fonctions, qui découlent directement de leurs acquis socioculturels.

Nous l'avons dit, le concepteur de l'A.T. est un ennemi résolu de la langue de bois, principe que nous retrouverons dans toutes ses grilles. À l'image du Parent, de l'Adulte et de l'Enfant, il tient à baptiser leurs subdivisions de noms simples, courts et compréhensibles par tous.

Si l'état Adulte apparaît comme une entité pleine et entière, l'état Parent est fonctionnellement divisé en deux parties (appelées Parent Critique et Parent Nourricier) et l'État Enfant en quatre parties (nommées Enfant Adapté Soumis, Enfant Adapté Rebelle, Petit Professeur et Enfant Libre).

Ainsi vous êtes «branché» sur :

– votre Parent Critique (ou Normatif) quand vous trouvez que «ces patineurs dans la rue, avec leur baladeur aux oreilles, sont vraiment ridicules !» ;

– votre Parent Nourricier (ou Bienveillant) quand vous proposez à votre fils de l'aider à faire son devoir de mathématiques.

Vous êtes «dans» :

– votre Adulte, lorsque vous enregistrez une information et la traitez : «Il va pleuvoir, je prends mon parapluie» ;

– votre Enfant Adapté Soumis, lorsque, résigné, vous dites à votre patron : «J'ai bien noté que vous n'augmenterez pas mon salaire cette année» ;

– votre Enfant Adapté Rebelle, si dans le même cas, vous rétorquez agressivement au patron : «Ce n'est pas juste ! Vous ne pouvez pas me faire ça, avec mes vingt ans d'ancienneté !» ;

– votre Petit Professeur (ou Petit Inventeur), quand, enthousiaste, vous lancez à vos amis : «J'ai une idée ! Et si cet été, on descendait sur la côte par les canaux ! en péniche, ça nous changerait de la voiture, qu'en pensez-vous ?» ;

– votre Enfant Libre, lorsque vous vous exclamez : « *Titanic*, j'adore ce film ! Je l'ai vu cinq fois et j'ai pleuré à chaque séance ! »

Vous le constatez, vos états du Moi se « mettent en sept » pour vous faciliter la vie ou vous la compliquer. À l'image des sept notes de la gamme, états et sous-états vous permettent d'exprimer toutes les nuances de vos *valeurs, réflexions* et *sentiments.*

Dans l'idéal, le fonctionnement cohérent de l'ensemble vous offre toutes les chances d'une existence mélodieuse. Mais c'est bien sûr le conflit qui s'installe en vous si vos pensées et comportements sont en dissonance.

Au vrai, laissons-nous jouer opportunément chaque note et chacune des divisions qui composent notre personnalité ? Dans l'affirmative, lui offrons-nous toute la *liberté* de donner sa vraie mesure, son bon tempo ? Un des grands mérites de l'outil transactionnel est de nous proposer une véritable « mise à jour » de nos ressources, disons – pour prolonger la métaphore musicale – un « élargissement de tessiture ». Et, somme toute, de nous inviter à enrichir nos états du Moi de nouvelles harmonies.

Terme du parcours
Que la lumière soit !

La psychosociologie nous enseigne que tout ensemble d'individus a besoin d'un « leader », en fait d'un dirigeant. Si l'on considère qu'un groupe commence avec trois personnes, nos « agents de communication » que sont le Parent, l'Adulte et l'Enfant n'échappent pas à cette règle. Dès l'âge de raison, notre Parent, fort de ses « savoirs » reçus et accumulés, s'autodésigne comme patron du trio.

Autrement dit, il prend la baguette du chef d'orchestre, à la fois pour diriger notre Enfant, tels nos vrais père et mère, et tenter de manipuler notre Adulte !

Ce système d'enregistrements, tel que l'a défini son auteur, obéit ainsi à une dynamique dont le carburant est l'énergie psychique, concept encore appelé par Berne « flux d'investissement ».

C'est la circulation de cette énergie, électrique en l'occurrence, que nous avons symbolisée sur notre schéma (voir page 35), en présumant que les états du Moi représentés vivent de bons rapports hiérarchiques. En d'autres termes, nous supposons ici qu'Adulte et Enfant acceptent le Parent aux commandes et le « nutriment » qu'il leur destine (à l'inverse, nous verrons plus loin les conséquences possibles d'un mauvais voisinage entre états du Moi).

Nous voulons penser que notre tableau électrique imaginaire aurait amusé Éric Berne, dont l'Enfant Libre était précisément très disponible. Suivons le trajet du courant dans vos états du Moi.

Votre Parent figurant l'accumulateur (producteur de l'énergie), vos Parent Critique et Parent Nourricier en sont les deux pôles, négatif et positif. En provenance directe de votre Parent, et avant d'atteindre votre Adulte, le courant arrive chez votre Enfant et passe par chacun de ses sous-états :

– votre Enfant Adapté Soumis est le fusible du circuit, asservi par définition. Véritable agent de sécurité et régulateur de tension, il contrôle le passage de l'énergie en prévenant tout incident ;

– votre Enfant Adapté rebelle, sujet aux réactions imprévues et aux sautes d'humeur, est l'interrupteur par excellence. Acceptant sa mission, il peut aussi la refuser brusquement… et couper le courant ;

– votre Petit Professeur (ou Petit Inventeur) brille par sa créativité et devient ici la « petite lumière » en tant que réplique de votre Adulte dans votre Enfant. Il est en quelque sorte la lampe-témoin ;

– votre Enfant Libre (ou Spontané), par sa vitalité, est le transformateur du circuit. Il enrichit le flux de sa force affective et livre à l'Adulte une énergie immédiatement utilisable.

Ce courant « opérationnel » donne enfin toute sa lumière à votre Adulte qui peut prendre, comme il se doit, des décisions… éclairées. On remarquera sur le schéma que votre Parent dispose d'une prise directe avec votre Adulte qu'il peut chercher à « mettre au courant » sans intermédiaires, au risque de créer… un court-circuit.

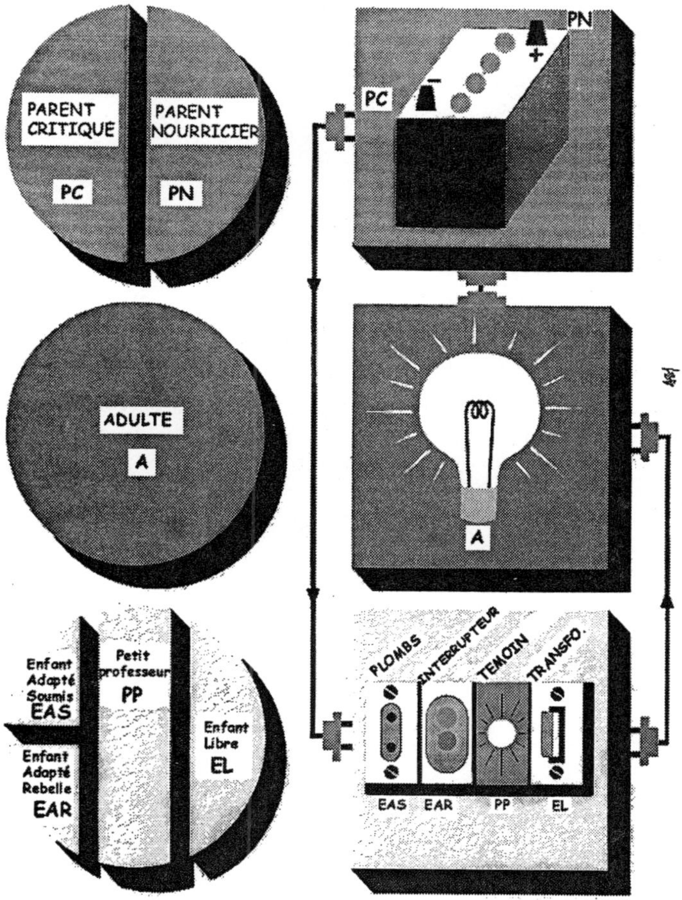

SCHÉMA FONCTIONNEL DES ÉTATS DU MOI
(circulation de l'énergie psychique)

DEUXIÈME ÉTAPE

LE MOI DANS TOUS SES ÉTATS

« Connais-toi toi-même... »
SOCRATE.

PROFIL DU PARCOURS
METTEZ-VOUS EN SEPT

« Connais-toi toi-même... », disait déjà le philosophe Socrate, il y a deux mille ans. Il aurait pu ajouter à sa maxime devenue célèbre : ...avant de vouloir connaître les autres !

Préalablement à la rencontre d'autrui, aux étapes suivantes, c'est à la vôtre que nous vous invitons d'abord, en vous tendant le miroir de l'analyse transactionnelle. Prenez le temps de vous regarder vivre !

Pour communiquer, avec vous-même et vos interlocuteurs, vous ouvrez puis refermez en permanence vos états du Moi, comme se déboîtent et s'emboîtent les poupées gigognes de notre illustration. Au gré de vos obligations, de vos besoins, de votre humeur aussi, chacun des « acteurs » de votre personnalité entre en scène, sans hiérarchie aucune, et exprime ses réactions successives dans le théâtre du quotidien.

Voilà pourquoi vous vous êtes rasé hier en chantant à tue-tête le grand air de *Figaro* (Enfant Libre), et réveillé ce matin en pestant contre les augmentations de prix entendues à la radio (Parent Critique). Et que vous vous passionnez pour la confection de votre arbre généalogique, en courant de mairies en églises (Petit Professeur). Ou aussi que, membre d'une association humanitaire, vous participez à des collectes de fonds, au profit des déshérités (Parent Nourricier).

C'est encore en fonction de votre état d'esprit et des circonstances que, dans le train, vous gardez, embarrassé, votre valise sur vos genoux parce que le porte-bagages est plein (Enfant Adapté Soumis). Ou qu'en avion et en voiture, vous refusez obstinément de boucler votre ceinture (Enfant Adapté Rebelle). Mais que, très raisonnable, vous réglez votre tiers provisionnel avant le quinze du mois, pour éviter la pénalité d'usage (Adulte).

Vous le constatez, aucun état du Moi n'est préférable à un autre. À la fois indépendants et solidaires, ils remplissent leur rôle dans l'« équipe », au moment opportun... ou non, comme va vous le montrer ci-après, leur examen individuel approfondi. Ne pensez donc pas que le comportement primordial est celui de l'état Adulte.

La vie serait trop triste !

1er Jalon
Le Parent Critique
(ou Parent Normatif)

Votre état Parent est un «double réservoir» (Parent Critique-Parent Nourricier) – rempli de P.A.E. accumulés et reçus de vos éducateurs influents – qui s'autoalimente en permanence.

Pour sa part, votre Parent Critique assure le «débit» quasi automatique des jugements et des règles entendus puis intériorisés. Il est dépositaire de vos valeurs et de vos normes. Sa fonction prend certes un sens péjoratif quand on n'en retient que l'aspect «flic», autoritaire, empêcheur d'agir et représentant borné de l'ordre établi. Vu sous l'angle «Normatif» – son deuxième patronyme –, apparaît toutefois un rôle positif à visée constructive et protectrice.

Le Parent Critique est difficilement supportable pour soi et les autres quand il outrepasse ses attributions, notamment en multipliant les interdits. En revanche, ses interventions sont judicieuses quand elles s'exercent sur le mode du conseil préventif.

Ainsi, activé par son Parent Normatif, notre agent de police assure bien sa mission en facilitant l'existence citadine des petits chiens, tout en les protégeant des automobiles. Cependant si son Parent Critique mettait trop de zèle au profit de la gent canine, il tyranniserait les conducteurs... et paralyserait le trafic!

Autoportrait du Parent Critique

Mon comportement: je suis autoritaire, dominateur, cassant, définitif, colérique. Je pratique le refus et l'interdiction systématiques. Exigeant avec moi-même, je le suis de mon entourage. Je veux à toute force faire respecter l'ordre et le règlement.

Mes attitudes: je parle fort, je toise les autres. Je les accuse avec un regard culpabilisant, sourcils froncés, bouche pincée, le doigt pointé en avant. Pour faire des reproches, je croise souvent les bras ou j'ai les mains sur les hanches.

Mes expressions et mots favoris: je veux, j'exige, vous devez, il le faut ! C'est obligatoire ! C'est faux ! C'est comme ça et pas autrement ! C'est toujours pareil avec vous ! C'est rigoureusement interdit ! Ça devait arriver ! Ne discutez pas ! Jamais de la vie ! Ah ! si mon père voyait ça ! Il n'en est pas question ! Non et non, certainement pas !

Mes aspects négatifs: je suis distant, je veux commander, diriger, avoir raison, être le maître. Je garde et coupe la parole. Je pense tout savoir et tout faire bien. Je ne délègue pas et décourage les initiatives. Je suis arbitraire, intolérant. Je censure à ma guise. Je ne suis pas facile à vivre !

Mes aspects positifs: je peux être un guide, un modèle, qui montre mon savoir-faire. Je termine mes tâches, je conseille utilement et pousse à l'action. Je suis prudent et préviens le danger. Je donne des solutions.

LES ÉTATS DU MOI
LE PARENT CRITIQUE (OU PARENT NORMATIF)

FEUILLE DE ROUTE N° 3

VOTRE PARENT CRITIQUE

Décrivez votre Parent Critique

☞ son comportement

....
....
....
....
....

☞ ses attitudes

....
....
....
....
....

☞ ses expressions et mots favoris

....
....
....
....
....

☞ ses défauts

....
....
....
....
....

☞ **ses qualités**

....

....

....

....

....

Évaluez son niveau d'énergie (Échelle de 1 à 10)

....../10

2e Jalon
Le Parent Nourricier (ou Bienveillant)

Autant vous êtes dans votre Parent Critique quand vous persécutez les autres, autant vous apparaissez dans votre Parent Nourricier quand vous leur portez secours. De l'intransigeance la plus abusive, vous pouvez ainsi passer, pour vous-même et pour autrui, à la complaisance inconditionnelle.

Entre ces extrêmes existe heureusement en vous le bien-nommé Parent Nourricier (ou encore Parent Bienveillant, Aidant ou Donnant). C'est l'état du Moi compréhensif par excellence, qui sait «materner» la famille, mais aussi les amis, les collègues, les collaborateurs et toute personne apparemment dans le besoin.

Véritable organisme d'«alter-assistance», le Parent Nourricier fonctionne selon le concept psychologique dit des «3P» (puissance, protection, permission). Il met en effet à la disposition des autres:

– son autorité de compétence et sa faculté à résoudre les problèmes (à distinguer du désir de pouvoir qui motive le Parent Critique);

– son expérience pour les orienter sur la bonne voie en toute sécurité;

– son ouverture et sa générosité pour leur permettre d'accéder à l'autonomie.

Toutefois, si la sollicitude du Parent Nourricier est envahissante jusqu'à la substitution, elle empêche l'action et, souvent, l'épanouissement de son protégé.

Le policier est dans son Parent Nourricier quand il pousse la voiture en panne de carburant et indique une station-service à la conductrice. Il dépasserait son rôle de préposé à la circulation si sa bienveillance l'incitait à courir lui acheter un bidon d'essence!

Autoportrait du Parent Nourricier

Mon comportement : amical, affectueux, prévenant, souriant, rassurant, gratifiant, soucieux du bien-être des autres. J'ai envie de les aider. Je les prends volontiers en charge.

Mes attitudes : ma voix est chaleureuse. J'ai les bras ouverts, les mains tendues, le regard réconfortant. Je donne des tapes dans le dos. J'approuve de la tête, j'encourage du geste.

Mes expressions et mots favoris : Super ! Bien ! Bravo ! Attention ! Je vais vous donner un coup de main ! Ne bouge pas, j'arrive ! Ça, c'est ma spécialité ! Laisse-moi faire ! Je vais de te tirer de là ! Regarde comment je m'y prends ! Tu te le rappelleras ? Passe par là, c'est direct ! Et surtout sois prudent ! Viens quand tu veux ! J'apprécie ce que tu fais ! Ne t'inquiète pas, je suis là ! Oui, bien sûr !

Mes aspects négatifs : je suis souvent « collant », trop pressant, étouffant. Je crois mes proches incapables de s'assumer. J'empêche les enfants d'apprendre et de se réaliser par eux-mêmes. Je dépense beaucoup d'énergie parce que je me crois indispensable. À trop vouloir en faire, je peux être « casse-pieds » !

Mes aspects positifs : je suis disponible, serviable, aimable. Je cherche toujours à être utile. J'aime faire plaisir, faire du bien à mes semblables. J'ai confiance en moi et je leur donne confiance en eux. Je suis attentif à mon entourage comme à ma personne. Je sais être permissif avec les autres et avec moi-même.

LES ÉTATS DU MOI
LE PARENT NOURRICIER (OU BIENVEILLANT)

FEUILLE DE ROUTE N° 4

VOTRE PARENT NOURRICIER

Décrivez votre Parent Nourricier

☞ **son comportement**

....

....

....

....

....

☞ **ses attitudes**

....

....

....

....

....

☞ **ses expressions et mots favoris**

....

....

....

....

....

☞ **ses défauts**

....

....

....

....

....

☞ **ses qualités**

....

....

....

....

....

Évaluez son niveau d'énergie : (Échelle de 1 à 10)

....../10

3e Jalon
L'Enfant Adapté Soumis

En suivant le parcours de l'énergie psychique, nous passons de l'état Parent à l'état Enfant, pour rencontrer un premier sous-état, l'Enfant Adapté Soumis. La notion d'adaptation correspond ici à la réponse d'un sujet à la fois subordonné aux stimuli sociaux et aux messages « incorporés » de ses parents et éducateurs.

Vous êtes donc dans votre Enfant Adapté Soumis quand vous vous conformez sans conditions aux règles et aux valeurs imposées par des figures d'autorité, sous l'influence de votre Parent interne. Ainsi l'obéissance de type scolaire, la peur de mal faire, d'être jugé et puni, une culpabilité latente, comme sur un autre mode, le désir de plaire, émanent directement de ce sous-état.

Certes, vous tenez bien votre rôle d'exécutant quand vous respectez normalement les ordres d'un supérieur hiérarchique. Votre Enfant Adapté Soumis devient excessif si votre soumission se révèle automatique et inconditionnelle. Combien de patrons apprécient d'abord la constante docilité, voire la maniabilité d'un fidèle collaborateur, pour en déplorer ensuite son agaçant côté « brosse à reluire » ?

Notre automobiliste sermonné et pénalisé pour absence des documents légaux sur son pare-brise mérite apparemment une contravention. Mais est-ce bien raisonnable que son Enfant Adapté Soumis conforte la sanction, jusqu'à proposer servilement au gendarme le stylo punitif ?!

Surtout si la voiture a été achetée le matin même !

Autoportrait de l'Enfant Adapté Soumis

Mon comportement : poli, réservé, timide, effacé, respectueux, obséquieux, pusillanime, « béni-oui-oui ». Je suis toujours d'accord avec l'autorité. J'évite à tout prix les discussions et les conflits.

Mes attitudes : je ne suis jamais naturel. Je baisse les yeux, je rougis, je me tords les mains. Je suis toujours gêné, emprunté. Je courbe le dos. Je demande la permission, le doigt levé. Ma voix est rentrée, hésitante.

Mes expressions et mots favoris : Excusez-moi de vous déranger. Comme vous voudrez. C'est ma faute. J'aurais dû. Ne changez surtout rien pour moi. Tout à fait d'accord. C'est très bien comme ça. Oui, bien sûr.

Mes défauts : je suis mal à l'aise dans toutes les situations. Je n'exprime pas mes opinions. J'ai toujours peur de mal faire.

Mes qualités : j'exécute scrupuleusement les ordres. Je suis hyper-consciencieux, fidèle, ponctuel, disponible, fiable. Je suis toujours prêt à rendre service.

LES ÉTATS DU MOI
(L'ENFANT ADAPTÉ SOUMIS)

FEUILLE DE ROUTE N° 5

VOTRE ENFANT ADAPTÉ SOUMIS

Décrivez votre Enfant Adapté Soumis

☞ **son comportement**

....
....
....
....
....

☞ **ses attitudes**

....
....
....
....
....

☞ **ses expressions et mots favoris**

....
....
....
....
....

☞ **ses défauts**

....
....
....
....
....

☞ **ses qualités**

....
....
....
....
....

Évaluez son niveau d'énergie : (Échelle de 1 à 10)

....../10

4e Jalon
L'Enfant Adapté Rebelle

S'il est socialement conditionné, l'Enfant Adapté Rebelle utilise toutefois les autres pour s'affirmer et s'opposer, à l'inverse de son « collègue » l'Enfant Adapté Soumis.

Il a en permanence besoin d'adversaires.

En ce sens, il n'hésite pas à lancer des défis. Il refuse de se plier aux manifestations d'autorité, qu'elles soient parentales, professionnelles, administratives ou même politiques. Cette attitude d'opposition, le plus souvent systématique, entraîne la réaction des interlocuteurs concernés. C'est, à l'évidence, le but recherché par l'« agresseur ».

L'Enfant Adapté Rebelle ne doit toutefois pas être considéré comme l'état du Moi asocial de la personnalité. Souvenez-vous, il a sans doute constitué un « passage obligé », lors de vos révoltes d'adolescent. Tout comme son intervention ponctuelle est aujourd'hui à même de se révéler judicieuse pour vous, par exemple devant un patron trop installé dans son Parent Critique ! Mais bien sûr, une attitude permanente d'Enfant Adapté Rebelle, critique et provocatrice, prenant tout le monde à contrepied, peut vous être nuisible à la longue.

La maréchaussée pardonnera peut-être un excès de vitesse occasionnel à notre automobiliste. Elle le comprendra même, en cas de dépassement nécessaire. Mais s'il devient intrépide et agressif, en se moquant effrontément de la limitation signalée, le préposé au radar sera beaucoup moins indulgent avec lui.

Surtout s'il est récidiviste !

Autoportrait de l'Enfant Adapté Rebelle

Mon comportement : agressif, râleur, contestataire, capricieux, contradicteur, violent, boudeur, rancunier. Je ne suis jamais d'accord, jamais content. Je suis comédien. Je peux être vulgaire et grossier. J'exagère les faits.

Mes attitudes : je hausse les épaules. Je regarde le plafond avec une moue sceptique. Je suis ironique ou renfrogné. Je désigne les autres et les provoque du menton. Je ricane. J'ai l'air excédé. Je me mets souvent en colère.

Mes expressions et mes mots favoris : Il n'en est pas question ! Certainement pas ! De quel droit ? Ce n'est pas juste ! Ça m'étonnerait beaucoup ! Non, je te dis ! C'est ta faute ! Vous voulez rire ! Essaie pour voir ! T'es pas capable !

Mes défauts : j'indispose et exaspère les autres. Je ne suis pas clair avec eux. Je génère des conflits. J'incite à la riposte. Je ne suis pas authentique. Je n'exprime pas mes vraies émotions. Mes critiques sont généralement négatives.

Mes qualités : je veux être reconnu et respecté. Je peux être un leader. Je prends la défense des faibles. Je détecte les manipulations. Je ne me laisse pas faire. Je dénonce les injustices et les abus d'autorité.

LES ÉTATS DU MOI
(L'ENFANT ADAPTÉ REBELLE)

FEUILLE DE ROUTE N° 6

VOTRE ENFANT ADAPTÉ REBELLE

Décrivez votre Enfant Adapté Rebelle

☞ **son comportement**

....
....
....
....
....

☞ **ses attitudes**

....
....
....
....
....

☞ **ses expressions et mots favoris**

....
....
....
....
....

☞ **ses défauts**

....
....
....
....
....

☞ **ses qualités**

....
....
....
....
....

Évaluez son niveau d'énergie : (Échelle de 1 à 10)

....../10

5e JALON
LE PETIT PROFESSEUR (OU PETIT INVENTEUR)

Dès l'âge de dix-huit mois, se développe en chacun de nous, garçon ou fille, cette forme d'Adulte intuitif, qui « devine » le fonctionnement de son entourage et cherche à l'utiliser, sinon à le manipuler.

Ce sous-état du Moi se révèle essentiel à notre maturité, en devenant une qualité première. Véritable « sixième sens », il nous donne alors la faculté de comprendre la psychologie de nos milieux d'évolution et de nous y adapter.

Le Petit Professeur est souvent comparé avec humour à l'inventif et facétieux « professeur Nimbus ». Bien développé, il est le complice par excellence de tous ceux qui exercent des métiers de relations humaines, exigeant une « pré-connaissance » de leur interlocuteur.

Vous le savez, ce flair si précieux constitue votre outil quotidien d'analyse, que vous soyez médecin, formateur, vendeur ou acteur. C'est lui qui vous renseigne instantanément sur la personnalité, les attentes, les dispositions de votre public. Il vous permet ainsi d'anticiper, à la fois sur ses réactions mais encore sur votre propre stratégie à mettre en place.

Vous savez aussi que votre « prescience », certes utile, n'est pas rationnelle. Sa subjectivité implique toujours, à l'évidence, l'examen approfondi de la situation considérée. Quoi qu'on en dise, la première impression ou la première idée n'est pas toujours la bonne !

Sur son pédalo, notre astucieux citadin paraît avoir résolu ses problèmes de circulation, sous l'œil envieux des automobilistes, coincés dans les encombrements. Même si cette preuve de créativité de son Petit Professeur est, en soi, irréaliste. À moins, qui sait, qu'elle n'entraîne une réflexion des pouvoirs publics sur l'opportunité d'un service de transports fluviaux !

Autoportrait du Petit Professeur

Mon comportement: observateur, rêveur, créatif, malin, démonstratif, malicieux, humoriste, éloquent, drôle, fantaisiste, curieux, joueur, séducteur, poète, je fonctionne «à l'instinct», je suis brillant, j'aime la farce et le déguisement et j'ai des idées en permanence.

Mes attitudes: j'ai le regard pétillant. Je suis souriant, vif, agité, bruyant, toujours aux aguets. Je pratique le calembour. J'utilise facilement l'argot et les mots nouveaux. Je donne des tapes dans le dos. Je monte et démonte les objets.

Mes expressions et mots favoris: J'ai une idée ! Ouais ! c'est super ! C'est génial ! Tu peux me croire, c'est dans la poche ! Chouette ! Eurêka ! Je sens que ça va marcher ! Moi, je pense qu'il faut le faire ! J'te l'dis, j'en suis sûr ! Quelque chose me dit que c'est du tout cuit ! Je le vois gagnant dans un fauteuil ! Moi, je sais ! Fais-moi confiance !

Mes défauts: je manque de logique et de réflexion. Je n'écoute pas suffisamment. Je monopolise la parole. Je suis impulsif. J'entreprends beaucoup d'activités à la fois. Je tourne les choses à la rigolade. Je suis versatile et superficiel.

Mes qualités: je suis spontané, direct, entraînant, persuasif. Je sais ce qui plaît, comment faire plaisir. Je fais rire. Je cherche et trouve des «trucs». J'ai un sens artistique. Je suis un guide apprécié. Je crée l'ambiance, l'événement. Je propose des solutions aux problèmes.

LES ÉTATS DU MOI
(LE PETIT PROFESSEUR)

FEUILLE DE ROUTE N° 7

VOTRE PETIT PROFESSEUR

Décrivez votre Petit Professeur

☞ son comportement

....

....

....

....

....

☞ ses attitudes

....

....

....

....

....

☞ ses expressions et mots favoris

....

....

....

....

....

☞ ses défauts

....

....

....

....

....

☞ **ses qualités**

....
....
....
....
....

Évaluez son niveau d'énergie (Échelle de 1 à 10)

....../10

6ᵉ Jalon
L'Enfant Libre (ou Spontané)

L'Enfant Libre est le siège même des désirs, des émotions et des sentiments exprimés spontanément. Partant, le Petit Professeur que nous venons de rencontrer en constitue, selon Berne, la part « créative » tout à fait complémentaire.

Autant l'Enfant Adapté, Soumis ou Rebelle, réagit socialement sur le mode de la dépendance, autant l'Enfant Libre, lui, extériorise ses ressentis et ses besoins sans contraintes. Ce comportement autopermissif, générateur de tous les élans, permet également de le désigner comme l'« Enfant Naturel ».

Nous l'avons dit plus haut, l'Enfant Libre transforme en véritable « force affective » cette énergie psychique à destination de l'Adulte. Une telle expression non contrôlée du registre sentimental exprime bien la volonté d'autonomie de cet état du Moi et par là… sa désobéissance au Parent Normatif.

Ainsi vous êtes dans votre Enfant Libre quand vous pédalez en sifflotant sur quelque route des vins, puis que vous vous arrêtez pour chiper une grappe de raisin. Et, l'instant d'après, c'est ce même Enfant Spontané, ému par le splendide coucher de soleil embrasant les vignes, qui vous tire les larmes des yeux. Avant de vous mettre en colère… parce que vous constatez que votre pneu est crevé !

N'avez-vous déjà songé – inspiré par votre farceur d'Enfant Libre – à retirer les essuie-glace de votre voiture, quand vous stationnez trop longtemps en zone bleue ? Comme notre facétieux automobiliste, vous pouvez toujours essayer, à vos risques et périls, histoire de voir la tête de la contractuelle !

Autoportrait de l'Enfant Libre

Mon comportement : naturel, franc, sincère, instantané, ouvert, joyeux, volubile, joueur, farceur, souriant, enthousiaste mais aussi larmoyant, triste, effrayé, angoissé, je suis direct, énergique, sans complexes et je ne fais pas de manières.

Mes attitudes : j'ai les yeux brillants, je bouge sans arrêt, je ris et parle fort, je bâille et je m'étire, j'applaudis bruyamment, je joue et chahute souvent, je marche vite et je cours, je mets mes pieds sur le bureau.

Mes expressions et mots favoris : Oui, j'aime ! J'adore ! J'ai horreur de ça ! C'est parti ! Youpi ! Ça me branche ! Allez, on y va ! Génial ! Oh ! la la ! Ah ! les vaches ! Non, t'es sûr de c'que tu dis ? C'est pas vrai, ça alors ! J'en ai plus que marre ! C'est pas la joie ! C'est foutu ! Quelle merde ! Tu es hyper-sympa ! Extra !

Mes défauts : je suis imprévisible, incontrôlable, toujours démonstratif, souvent excessif ; en clair, « j'en fais trop », dans la joie comme dans la tristesse, je ne sais pas m'arrêter, je suis sans-gêne.

Mes qualités : j'exprime clairement ma façon de voir et mes intentions ; associé au Petit Professeur, je donne libre cours à ma créativité et montre mes talents sans timidité ; j'ai bien sûr plein d'idées, je suis la source de l'énergie, des élans et du plaisir.

FEUILLE DE ROUTE N° 8

VOTRE ENFANT LIBRE

Décrivez votre Enfant Libre

☞ **son comportement**

....

....

....

....

....

☞ **ses attitudes**

....

....

....

....

....

☞ **ses expressions et mots favoris**

....

....

....

....

....

☞ **ses défauts**

....

....

....

....

....

☞ **ses qualités**

....
....
....
....
....

Évaluez son niveau d'énergie: (Échelle de 1 à 10)

....../10

LES ÉTATS DU MOI
(L'ENFANT LIBRE OU SPONTANÉ)

7e JALON
L'ADULTE

Dernière étape de notre voyage à travers les états du Moi, voici l'Adulte. Unitaire, par définition, il ne comporte pas de sous-état. Véritable « centre de décisions », il est le lieu du raisonnement et de sa mise en œuvre.

Exposé aux réactions de l'Enfant – dont il reçoit l'énergie – comme aux pressions du Parent – Critique et Bienveillant –, l'Adulte « sain » résiste, en principe, à leurs éventuelles influences manipulatrices (une « contamination » est néanmoins possible, nous le verrons plus loin).

À l'instar de l'ordinateur activé par un logiciel, l'état du Moi Adulte saisit, analyse et traite les informations reçues... logiquement, ce qui lui permet de donner une réponse objective aux problèmes posés. Il n'est toutefois ni supérieur ni préférable aux autres états du Moi, mais simplement assigné à un rôle spécifique dans l'« équipe ».

Votre Adulte est aux commandes lorsque, sûr de vous, bien entraîné, vous partez à l'assaut du mont Blanc : avec un plan de marche détaillé, l'équipement indispensable, les vivres nécessaires et la certitude d'une météo favorable.

Qui sait, vous avez peut-être fait la sourde oreille à votre Parent Critique qui juge l'escalade inutile ? En revanche, vous n'avez pas résisté à votre Enfant Libre, quand il vous a fait glisser un harmonica dans votre sac à dos. Parce que l'Adulte sait aussi se détendre, s'il le veut bien !

Vous le voyez, en s'arrêtant sereinement au feu rouge notre automobiliste est bien dans son Adulte. Attention : il n'est pas inféodé à son Enfant Soumis... parce qu'il se soumet au code de la route ! En l'occurrence, il agit logiquement et en responsable, caractéristiques mêmes de l'Adulte.

Autoportrait de l'Adulte

Mon comportement : analyste, objectif, sensé, rigoureux, organisateur, réaliste, méthodique, prévoyant, déterminé, je suis à l'aise, sûr de moi (sans arrogance) et à l'écoute, je demande de l'information, j'établis des relations claires et confiantes et je raisonne sans chercher à avoir raison.

Mes attitudes : je suis détendu, attentif, je me tiens droit, ma voix est franche et posée, mon regard direct ; mes gestes soulignent sobrement mes paroles, je suis aimable sans obséquiosité ; j'affirme ou je refuse calmement mais avec fermeté.

Mes expressions et mots favoris : C'est possible (c'est impossible) dans la mesure où. Je pense. Il m'apparaît que. J'observe que. Je vous indique. À mon avis, à mon sens. Il est probable. Quand ? Combien ? Où ? Comment ? Qui ? Pourquoi ? Durée. Objectifs. Résultats. Chiffres. Hypothèse d'école. Cas de figure.

Mes défauts : je n'aime pas l'imprévu, je peux manquer de convivialité et de fantaisie ; j'expose en démontrant mais... je ne suis pas très démonstratif ; je suis plutôt froid, souvent trop absorbé par l'activité, j'ai du mal à me détendre, à m'amuser.

FEUILLE DE ROUTE N° 9

VOTRE ADULTE

Décrivez votre Adulte

☞ **son comportement**

....
....
....
....
....

☞ **ses attitudes**

....
....
....
....
....

☞ **ses expressions et mots favoris**

....
....
....
....
....

☞ **ses défauts**

....
....
....
....
....

☞ **ses qualités**

....
....
....
....
....

Évaluez son niveau d'énergie : (Échelle de 1 à 10)

....../10

LES ÉTATS DU MOI
(L'ADULTE)

TERME DU PARCOURS
VOTRE ÉGOGRAMME

Au long de cette étape, vous venez de découvrir, un par un, vos états et sous-états du Moi. Vous avez pu aussi évaluer leur «niveau d'énergie» sur les feuilles de route correspondantes (numérotées de 3 à 9).

Grâce à l'«égogramme», grille de répartition de l'énergie psychique conçue par John Dusay, l'un des disciples de Berne, vous pouvez maintenant évaluer et visualiser globalement l'«investissement» de vos états du Moi.

Il vous suffit, suivant le modèle ci-après, de positionner les cotations que vous vous êtes attribuées (échelle de 1 à 10) par un trait horizontal au niveau correspondant, sur le graphique préétabli de la feuille de route n° 10 (page 78). Vous obtiendrez ainsi le panorama de vos états du Moi en action, ici et maintenant.

Nous vous proposons de la sorte une vision inattendue des composantes de votre personnalité. Elle illustre fort à propos l'une des percutantes formules de l'humoriste Raymond Devos, que nous lui empruntons: *«On se prend pour quelqu'un alors qu'on est [naît!] plusieurs!»*

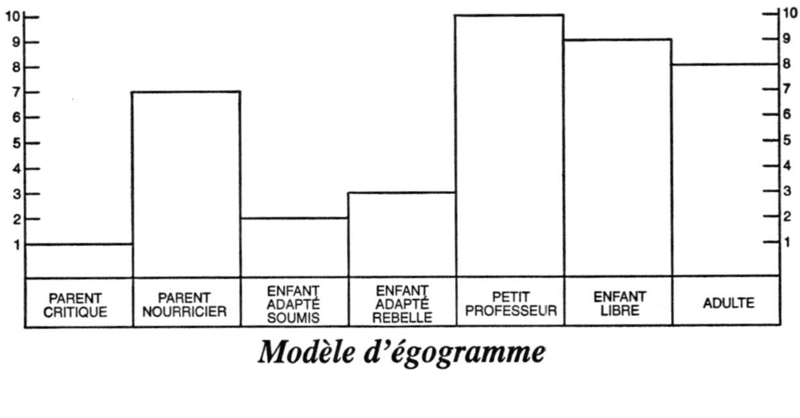

Modèle d'égogramme

Selon son concepteur, l'égogramme est une représentation graphique et comparative de la *perception* que l'on a de soi ou d'une autre personne, à un moment donné, à la manière d'une photographie instantanée. Autrement dit, vous pouvez constater sur-le-champ quels sont les états du Moi que vous utilisez préférentiellement et dans quelles proportions.

Vous allez aussi mieux remarquer sur ce diagramme – à l'image du principe des vases communicants – les états du Moi que vous sous-utilisez. Il sera intéressant de vous demander les raisons de cette «négligence» et, bien entendu, d'adopter ensuite l'attitude corrective.

FEUILLE DE ROUTE N° 10

VOTRE ÉGOGRAMME

Tracez ci-dessous votre égogramme

DATE :.....................

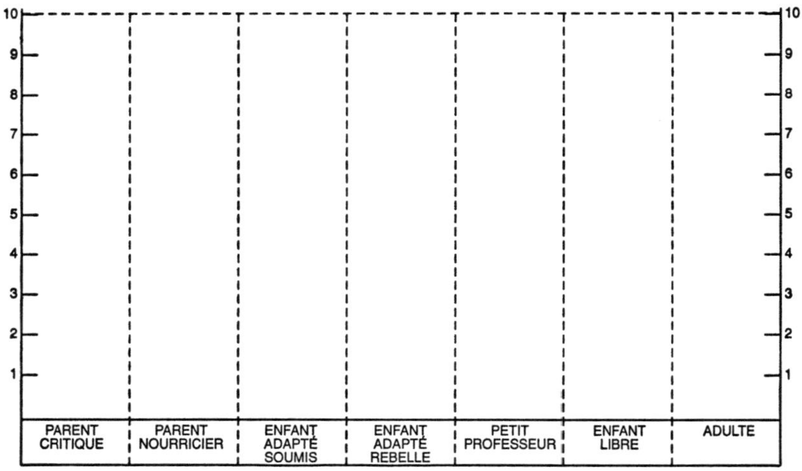

Vous actualiserez vos changements éventuels en redessinant périodiquement votre égogramme.

TROISIÈME ÉTAPE

LES ÉTATS DÉSUNIS

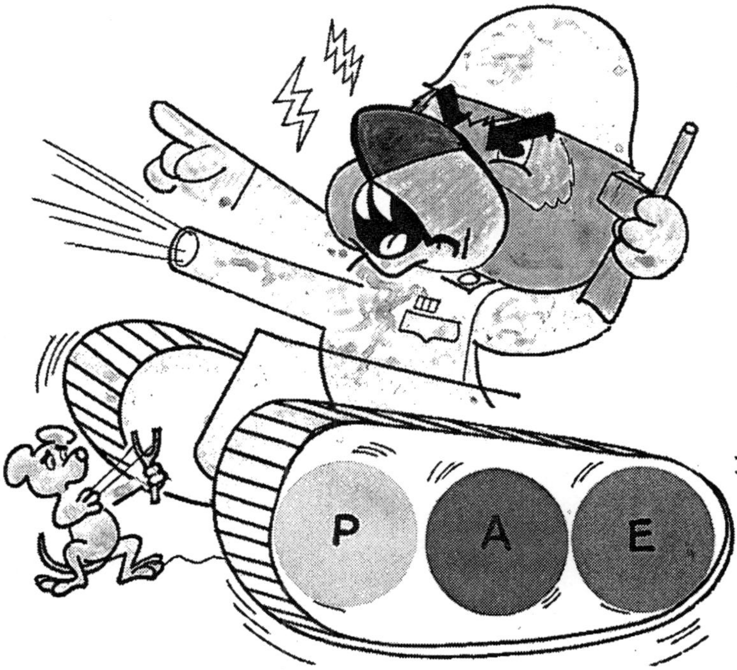

LES DYSFONCTIONNEMENTS DES ÉTATS DU MOI

« Les faits ne pénètrent pas dans le monde où vivent nos croyances. »

MARCEL PROUST

Profil du parcours
La guerre des trois

Il n'est guère d'individu qui, au cours de sa vie et selon les circonstances, ne soit trompé par ses convictions, momentanément ou parfois sur une longue période.

En termes d'analyse transactionnelle, et sans entrer dans la pathologie, il est alors question de « dysfonctionnement des états du Moi ». Pour le système Parent-Adulte-Enfant (P.A.E.), finie l'harmonie ! Soudain éclate un conflit entre états du Moi, à géométrie variable, suivant la stratégie des belligérants. Cinq cas de figure peuvent se présenter :

– votre Adulte accuse une faiblesse passagère : votre Parent ou votre Enfant, voire les deux, jouent aux envahisseurs et viennent, comme l'on dit, piétiner ses plates-bandes (*contamination*) ;

– l'un de vos trois états du Moi réussit à prendre provisoirement le pouvoir : les deux autres états sont « désarmés » et, de la sorte, isolés (*exclusion*) ;

– vos Parent et Adulte coalisés décident d'« éliminer » votre Enfant : ils peuvent ainsi s'allier sans vergogne, qui l'eût cru, avec l'Enfant d'une autre personne (*symbiose*) ;

– votre Parent fuit totalement ses responsabilités : l'Enfant profite de cette désertion pour neutraliser l'Adulte et prendre les commandes à sa façon (*méconnaissance)* ;

– votre Adulte vaincu ne réagit pas : votre Enfant vainqueur donne libre cours à son despotisme qui prend diverses formes aboutissant finalement à la non-résolution des problèmes (*passivité*).

Autant de tours que peuvent vous jouer vos états du Moi. Autant de cas de figure qui jalonnent cette séquence. Au-delà de la métaphore guerrière, voyons en détail ces dysfonctions des états du Moi.

1er Jalon
La contamination

1. Le préjugé

Nous avons comparé l'état Adulte à un ordinateur. Or, à l'instar de son logiciel exposé à un virus informatique, le raisonnement de l'Adulte peut être «contaminé» par les états voisins, Parent ou Enfant, eux-mêmes contaminés par la socioculture.

Avec le mot «contamination», nous voulons signifier ici l'endoctrinement interne dont l'Adulte est parfois victime. Dans le vocabulaire de l'analyse transactionnelle, elle correspond à un préjugé, quand elle provient de l'état Parent: elle est symbolisée sur le diagramme du P.A.E par l'empiétement des états Parent et Enfant sur l'état Adulte.

Si certaines automobiles bénéficient depuis toujours d'un *préjugé* favorable (Parent Bienveillant), ce n'est pas le cas de la margarine, longtemps jugée négativement (Parent Critique). Le produit existe encore mais sous des appellations de fantaisie.

Compréhensible pour un produit de consommation, le préjugé devient dramatique quand il concerne l'Homme. Alors que les études scientifiques les plus récentes démontrent qu'aucune ethnie n'est inférieure à une autre, nous constatons pourtant quotidiennement la puissance tenace des préjugés raciaux.

LA CONTAMINATION
(PARASITAGE D'UN ÉTAT DU MOI PAR UN AUTRE)
1. le préjugé

2. L'illusion

La spontanéité de l'Enfant (en l'espèce, l'Enfant dans l'Enfant, appelé par Berne, le Démon ou encore l'Enfant Fou) peut réserver de très mauvais tours à l'Adulte, surtout quand elle surgit sous forme d'*illusions.*

L'accident n'arrive qu'aux autres, c'est bien connu : le sujet s'imagine un beau jour que tout lui est permis. Aussi bien de doubler les voitures en haut des côtes que jouer son salaire au casino. Parce qu'au nom d'une croyance puérile en sa bonne étoile, il se sent béni des Dieux : après tout, que risque-t-il en cabriolet ? Et qui plus est, avec sa chance habituelle, ne peut-t-il espérer faire sauter la banque ? !

À l'évidence, cette curieuse façon de penser ne dure pas. Elle conduit malheureusement très vite l'intéressé au chômage, à l'hôpital ou au cimetière. En introduisant la *pensée magique,* propre aux enfants dans la réalité, le précité Enfant Fou gratifie l'Adulte du pire des cadeaux. Par une sorte d'autoprovocation, l'individu est ainsi amené à croire qu'il peut transgresser les règles sociales en toute impunité ou, pourquoi pas, se dispenser de soins.

Certes, voyager en 1re classe avec un billet de seconde n'est pas un défi, ni un délit très grave. De la même façon, espérer devenir champion olympique d'haltérophilie quand on n'en a pas les dispositions physiques n'entraîne pas d'importantes conséquences (notre illustration). Mais arrêter le traitement d'un cancer en se persuadant qu'il va guérir sans médicaments est, bien entendu, un geste irresponsable.

LA CONTAMINATION
(PARASITAGE D'UN ÉTAT DU MOI PAR UN AUTRE)
2. l'illusion

3. Préjugé + illusion

L'Adulte peut aussi être pris en sandwich entre le *préjugé* et l'*illusion,* qui conjuguent alors leurs effets.

Il devient la victime du Parent et de l'Enfant, dont il reçoit pêle-mêle *généralisations, idées reçues, croyances* et *superstitions.* Résultats de ce «lavage de cerveau»: c'est connu, les femmes conduisent beaucoup moins bien que les hommes et, c'est prouvé, pour gagner au loto, il faut jouer un vendredi 13, à 13 heures, c'est évident !

On peut s'étonner à juste titre de la naïveté de ces conduites et affirmations. Ne faut-il pas remarquer toutefois que l'irruption du tandem «préjugé + illusion», facilite en quelque sorte la vie de ses «adeptes», en leur évitant toute réflexion ? Pour enrichir la conversation du café du Commerce, il est ainsi commode de soutenir que les immigrés mangent notre pain et que le chômage sera résolu en les renvoyant dans leurs pays !

Alors, question : une «décontamination» est-elle possible ?

Réponse : oui, si le sujet consent à sortir de son «confort intellectuel», pour remonter à l'origine de ses opinions et prendre conscience de sa fausse perception de la réalité. Ce qui revient, précisément au plan de l'immigration, à confier à son Adulte le soin d'écarter quelques principes erronés en provenance du Parent, et d'identifier les craintes blotties dans l'Enfant.

Dans ce même registre de la peur, celle de l'hôpital et du bloc opératoire est susceptible de faire croire à quelqu'un – qui tentera d'en persuader son entourage pour renforcer sa propre croyance et se rassurer – que les passes magnétiques d'un guérisseur peuvent parfaitement se substituer au bistouri du chirurgien !

On voit bien ici le travail à effectuer par l'Adulte de la personne en cause pour se dégager de l'étau dans lequel l'enserrent son Parent et son Enfant.

LA CONTAMINATION
(PARASITAGE DES TROIS ÉTATS DU MOI)
3. préjugé + illusion

2e JALON
L'EXCLUSION

Si, dans le langage transactionnel, le mot « exclusion » est en soi trop définitif – « mise en sommeil » serait plus approprié –, il est vrai que nous pouvons remarquer autour de nous beaucoup d'individus qui fonctionnent sur un seul état du Moi, en « évacuant » pratiquement les deux autres.

État du Moi Parent

Regardez ce conducteur qui, jouant constamment au « flic », ne peut s'empêcher d'adresser des remontrances aux autres automobilistes. Ou cette impitoyable gardienne d'immeuble qui, à longueur de journée, multiplie les interdits aux résidents !

État du Moi Adulte

Observez ce chef d'atelier, véritable intoxiqué du travail (phénomène dénommé « *workahoolic* » par les Américains) dont l'Adulte au pouvoir ne parle que de son entreprise en famille. Et ce P.-D.G. de multinationale, obsédé par les cours de la bourse, qui monopolise sa secrétaire trop serviable jusqu'à neuf heures du soir !

État du Moi Enfant

Voyez cet éternel potache que son Enfant aux commandes pousse à prolonger ses études en le faisant échouer régulièrement aux examens ! Ou encore ce clochard, ancien fonctionnaire, qui préfère un jour abandonner la sécurité – mais aussi l'ennui – de son guichet... pour prendre sa liberté.

Des situations tout de même réversibles pour les intéressés, du moins espérons-le !

L'EXCLUSION
(ÉVACUATION DES ÉTATS DU MOI ADULTE ET ENFANT)

L'EXCLUSION
(ÉVACUATION DES ÉTATS DU MOI PARENT ET ENFANT)

L'EXCLUSION
(ÉVACUATION DES ÉTATS DU MOI PARENT ET ENFANT)

3e JALON
LA SYMBIOSE

Que cache ce mot mystérieux ? Simplement la relation de dépendance qui unit provisoirement deux personnes, à l'image du petit enfant tributaire de sa mère ou de son père.

C'est ainsi qu'un jeune représentant inexpérimenté peut, entre deux clients, demander souvent les directives de son chef des ventes par téléphone. Et que celui-ci, flatté d'alimenter ce cordon ombilical, tienne à le pérenniser. L'Enfant de l'un est ici subordonné au Parent Nourricier et à l'Adulte de l'autre.

La situation s'inversera toutefois quand le chef des ventes, inculte en mécanique, voudra changer sa vieille voiture et sollicitera l'avis de son représentant ! En « renvoyant l'ascenseur », avec moult conseils, ce dernier passera de la *symbiose* à la *contre-symbiose.*

Ledit représentant peut aussi – en prenant de l'assurance et beaucoup de commandes – entretenir une symbiose avec son épouse insouciante et dépensière. Jusqu'au moment où, lassé de la charge des problèmes familiaux, il s'en détache pour les « refiler » à Madame et se fier à elle !

Lorsque le phénomène implique une série d'individus en relation de dépendance, il est alors question d'une véritable *chaîne symbiotique*, courante dans les grandes entreprises – du responsable du garage au P.-D.G., en passant par le chef du personnel et le directeur financier. Le problème peut être le même dans une caserne où le soldat attend l'ordre du caporal qui l'attend du sergent qui l'attend du sous-lieutenant… et ainsi de suite jusqu'au général ! La cascade ne s'interrompt que lorsqu'un des acteurs, avide d'initiative, se risque enfin à prendre ses responsabilités !

LA SYMBIOSE
(RELATION DE DÉPENDANCE)

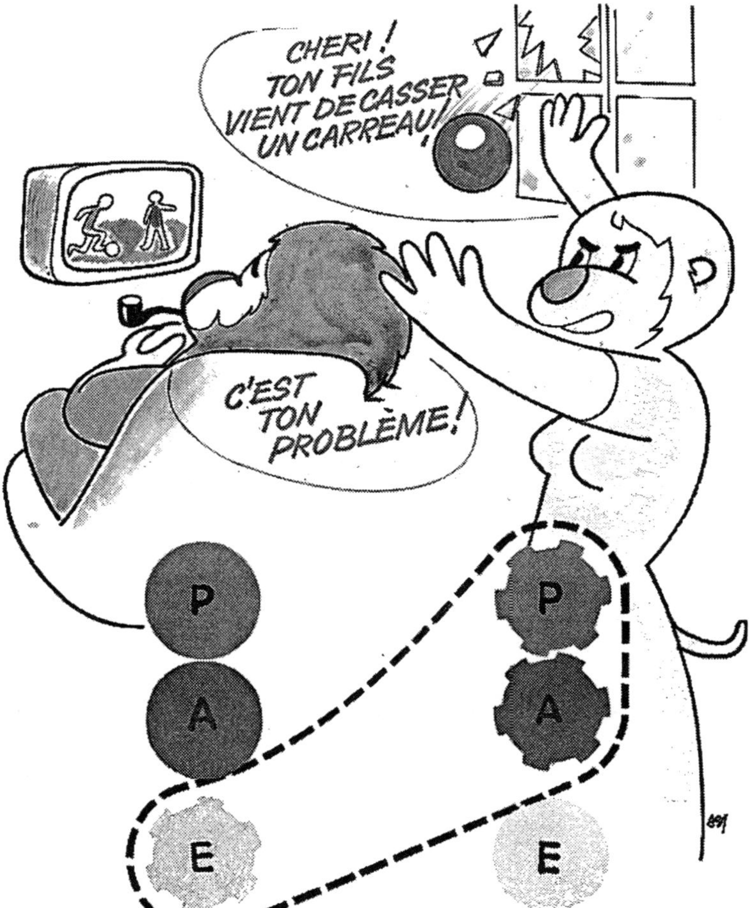

LA CONTRE-SYMBIOSE
(INVERSION DES RÔLES)

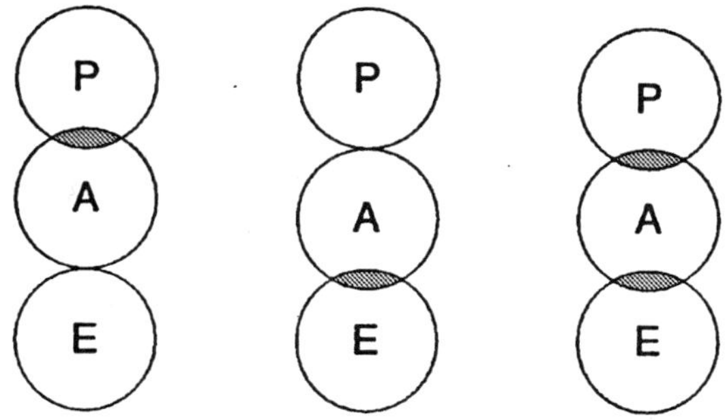

Le préjugé — L'illusion — Préjugé + illusion

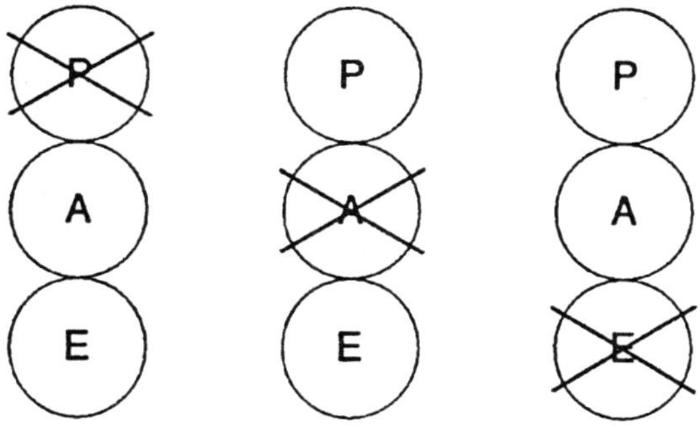

Exclusion du Parent — Exclusion de l'Adulte — Exclusion de l'Enfant

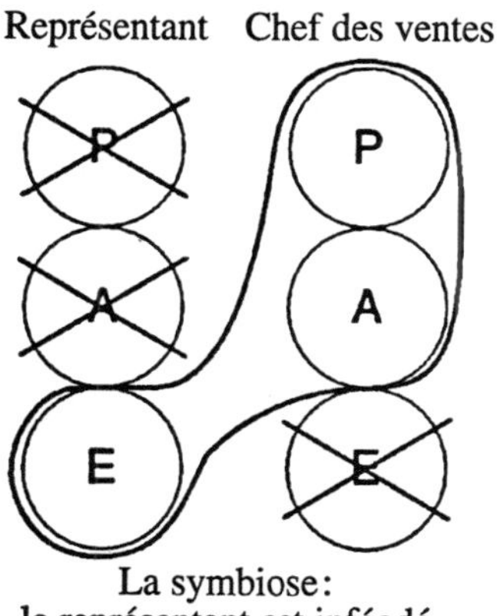

La symbiose:
le représentant est inféodé
au chef des ventes

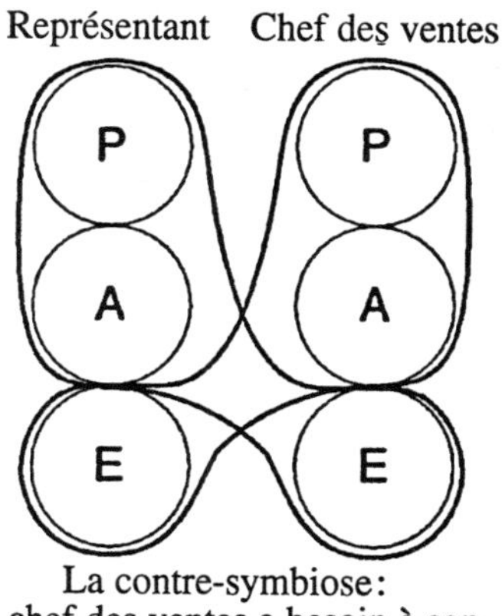

La contre-symbiose:
le chef des ventes a besoin à son
tour des conseils du représentant

LES DYSFONCTIONNEMENTS DES ÉTATS DU MOI
(TABLEAU RÉCAPITULATIF DES DIAGRAMMES)

4e Jalon
La méconnaissance

Avec le terme de « méconnaissance », l'analyse transactionnelle définit la disposition d'une personne à refuser de prendre conscience d'un problème qui la concerne. Cette façon de « fermer les yeux », en clair de *fuir sa responsabilité*, lui évite d'agir, donc d'affronter et de résoudre la difficulté.

Si votre conjoint vous fait remarquer que vous fumez trop et que vous prenez des risques liés à la nocivité du tabac, vous pouvez « méconnaître » la situation, et ce en quatre premiers temps (quatre autres sont susceptibles de suivre, voir 5e jalon) :

1. *Étonnement* : vous jouez la surprise alors que le fait est incontestable... puisque vous fumez une cigarette après l'autre.

2. *Naïveté* : vous en subissez les effets mais vous ne voulez pas comprendre la raison de vos quintes de toux.

3. *Fatalisme* : la vision permissive et irréaliste de votre Enfant Libre, vous conduit à l'insouciance, du type : « on verra bien ce qui arrivera ! »

4. *Persistance* : votre Petit Inventeur trouve une combine de substitution avec la pipe... pour vous permettre de continuer à fumer.

Cette articulation séquentielle, à la manière du déroulement d'un film, montre bien à la fois l'acharnement mis à nier la situation comme son importance... et en l'occurrence, l'énergie investie pour persister !

Elle montre aussi la faculté que nous avons à répondre « à côté des questions » et à nier, voire à « recomposer » à notre façon, la réalité (l'A.T. parle ici de « redéfinition »), tout comme finalement à nous dévaloriser pour nous déclarer inaptes à sortir d'un dilemme. C'est bien l'alternative du fumeur impénitent !

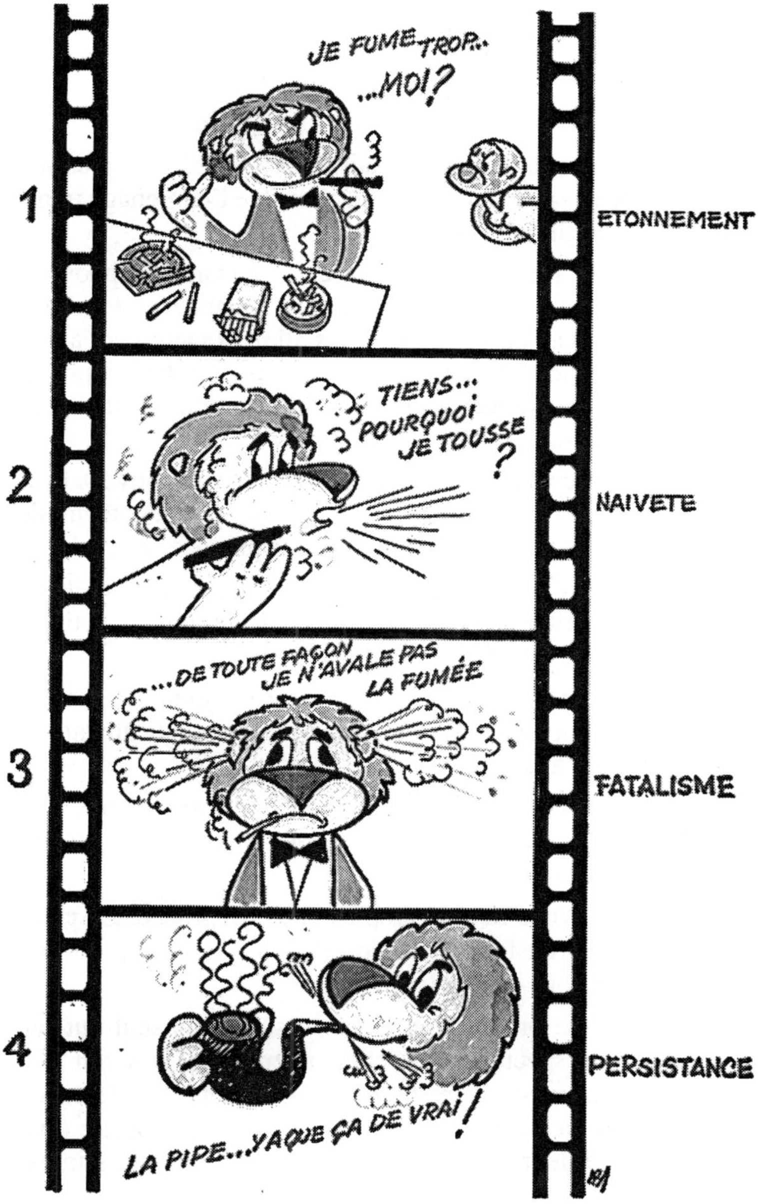

LES DYSFONCTIONNEMENTS DES ÉTATS DU MOI
(LA MÉCONNAISSANCE)

5e Jalon
La passivité

Le mécanisme de la « méconnaissance » entraîne le plus souvent celui de la « passivité », qui en constitue l'engrenage immédiat, autrement dit la suite logique.

Restons sur l'exemple de votre dépendance supposée à l'« herbe à Nicot ». Si vous ne voulez vraiment *rien faire* pour supprimer le tabac de votre vie, vous allez exagérément amplifier votre incapacité à réagir pour vous justifier, tant auprès de votre conjoint que de vous-même. L'A.T. nomme ce stratagème la « grandiosité ».

Cette dernière va alors vous introduire dans un nouveau cycle à quatre temps, la passivité en question, prolongement des quatre premières séquences de la méconnaissance, à savoir :

5. *Indifférence* : vous continuez, comme si de rien n'était, à fumer la pipe, et vous commencez même à en faire collection... histoire de les essayer !

6. *Fébrilité* : pour faire plaisir à votre conjoint, vous testez anxieusement nombre d'« anti-tabac », des médicaments de toutes sortes à l'acupuncture.

7. *Agitation* : ces « expériences » vous rendent irritable. Vous faites tout vite et mal pour prouver à votre moitié que le manque vous est insupportable.

8. *Violence* : vous ne tolérez plus aucun reproche. La colère vous incite à transformer les objets en projectiles et vous fumez... pour vous calmer !

Cette fâcheuse progression n'a bien sûr qu'un seul but : audelà des effets spectaculaires et mouvementés, il s'agit pour l'Enfant de l'intéressé de rester dans son « cadre de référence ». C'est-à-dire regretter éventuellement sa conduite déplacée (avec un bouquet de fleurs à son épouse), mais continuer à s'intoxiquer ! La solution ne peut venir que d'un sursaut de l'Adulte.

LES DYSFONCTIONNEMENTS DES ÉTATS DU MOI
(LA PASSIVITÉ)

Terme du parcours
Un pour tous, tous pour un !

À l'évidence, les singularités des états du Moi que nous venons d'explorer – qui se manifestent par une obéissance à la *pensée magique* enfantine ou à des croyances diverses, par définition sans fondement logique – ne sont « acceptables » que si elles demeurent tout à fait occasionnelles.

C'est leur installation dans la longue durée qui signe l'« anormalité ». Que ces dysfonctions se traduisent sous forme de *contamination,* d'*exclusion,* de *symbiose,* de *méconnaissance* ou de *passivité,* elles mettent précisément en lumière la nécessaire et permanente cohésion du système bernien d'enregistrement Parent-Adulte-Enfant. À noter que l'on doit à Jaqui et Aaron Schiff, collaborateurs de Berne, les concepts de *méconnaissance* et de *passivité* (voir la bibliographie en fin d'ouvrage).

Notre état Enfant, seul au début de sa vie et dépendant provisoirement des états du Moi complémentaires de nos parents biologiques, doit ensuite fonctionner sans le concours de ces derniers, mais bien avec ses propres équipiers.

Même remarque pour nos états Parent et Adulte qui ne peuvent s'épanouir à leur tour que dans l'harmonie de la trilogie.

L'exercice effectif de notre responsabilité et, par là, la conquête de notre autonomie sont à ce prix.

FEUILLE DE ROUTE N° 11

LES DYSFONCTIONS DE VOS ÉTATS DU MOI

1. Vos préjugés

Listez ci-dessous vos principaux préjugés, favorables ou défavorables. De qui pensez-vous les tenir (parents, éducateurs, collègues, amis, leaders d'opinion, etc.) ?

....
....
....
....
....
....

2. Vos illusions

Rappelez-vous et indiquez ci-après les illusions qui ont marqué votre enfance. À quelles occasions pensez-vous que ces croyances peuvent vous influencer encore aujourd'hui ?

....
....
....
....
....
....

3. Vos exclusions

Quel(s) état(s) du Moi avez-vous tendance à évacuer ou à sous-utiliser ? Quand ? Pourquoi ?

....
....
....
....
....
....

4. Vos symbioses

Auprès de qui et dans quelles circonstances recherchez-vous ces mêmes états du Moi ? Comment les utilisez-vous ? Quels états du Moi votre interlocuteur utilise-t-il en retour ?

....
....
....
....
....
....

5. Vos méconnaissances et passivités

Avez-vous conscience de « fermer les yeux » actuellement sur un problème particulier, voire de vous évertuer à ne rien faire pour le régler ? Dans l'affirmative, présentez ci-après l'articulation en huit temps de votre « résistance ».

....
....
....
....
....
....

6. Vos résolutions

Quelles mesures comptez-vous prendre, à partir de votre état du Moi Adulte, pour reconquérir votre libre arbitre, dans tous les cas ci-dessus ?

....
....
....
....
....
....

QUATRIÈME ÉTAPE

PLACE AU DIALOGUE !

LES TRANSACTIONS

« Que de physionomies différentes peut avoir la conversation ! Elle se traîne, elle languit, elle éclate en fusées, elle jaillit en écume, elle monte à l'assaut ! »

MME BARRATIN.

Profil du parcours
Un aller et retour

Je communique, tu communiques, il communique… L'homme, ce « parlêtre », ainsi dénommé par le psychanalyste Jacques Lacan, est conçu pour communiquer avec autrui (au sens littéral de communion, de « mise en commun »).

Dès que vous croisez un regard, serrez des mains, conversez ou adressez une correspondance, quand vous achetez le journal, téléphonez ou jouez aux cartes, vous effectuez de la sorte des échanges gestuels, verbaux ou non verbaux. Ces actes réciproques sont, nous dit Berne, des « *transactions* ».

Traduite en français – un peu trop facilement – par le même mot, la transaction (« opération commerciale », pour notre dictionnaire) signifie ici l'*unité de communication,* composée d'une *sollicitation* et d'une *réponse* entre deux ou plusieurs interlocuteurs.

Elle a ainsi donné son nom à l'analyse transactionnelle, en tant que « méthode d'observation des échanges interpersonnels ». À notre sens, l'appellation « analyse relationnelle » eût été plus juste. Mais depuis bientôt cinquante ans (rappelons que ladite méthode est née dans les années cinquante) l'habitude est largement prise !

Lorsque vous communiquez, vos états du Moi peuvent opérer, avec ceux de vos interlocuteurs, trois groupes de transactions : transaction simple, transaction double, transaction de « redéfinition » (nous avons plus haut défini ce terme au sens de l'A.T.).

Chacun des groupes se subdivise en plusieurs catégories, à même de s'enchaîner sans ordre établi, lors de vos échanges.

Examinez bien les diagrammes illustrant chaque type de transaction. Les différentes combinaisons représentées et les exercices proposés vous permettront de repérer vos mécanismes transactionnels quotidiens.

1er Jalon
La transaction simple

Elle est *parallèle* ou *croisée* à partir d'un seul état du Moi qui s'exprime directement.

1. Transaction parallèle (ou complémentaire)

L'échange intervient entre deux personnes qui se comprennent, dans le cadre d'un dialogue simple au premier degré, sans interruption.

Ex : – *Quel âge avez-vous ?*

– *22 ans.*

(Voir diagrammes et autres exemples, page suivante.)

2. Transaction croisée

L'échange entraîne une réponse inattendue de l'un des interlocuteurs.

Ex : – *Quel âge avez-vous ?*

– *Vous êtes bien indiscret !*

(Voir diagrammes et autres exemples, page suivante.)

> *Sur les diagrammes, les cercles symbolisant les états du Moi, conventionnellement rapprochés, sont détachés pour vous en faciliter la lecture. Dans le même but, nous avons cerclé en gras les états du Moi opérationnels.*

La transaction parallèle (ou complémentaire) *(communication sans rupture)*

Un Parent Critique en « accroche un autre »

1er voyageur — 2e voyageur

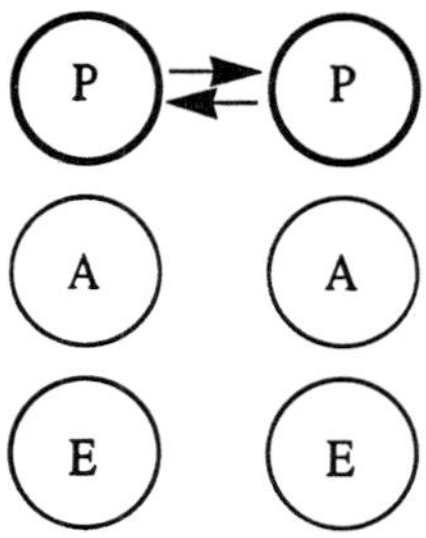

1er voyageur: un vrai nid à microbes, cette climatisation!
2e voyageur: c'est la bronchite assurée!

Un Adulte questionne son homologue vis-à-vis

1er voyageur — 2e voyageur

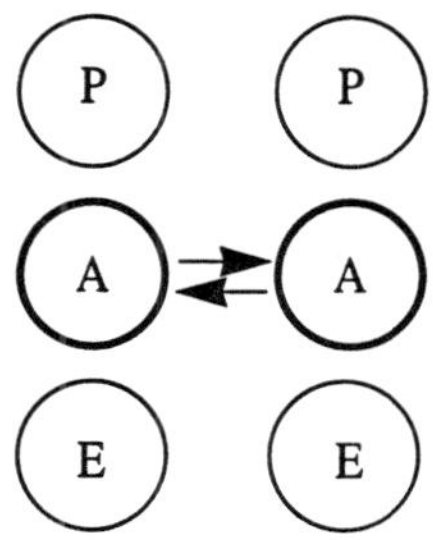

1er voyageur: combien de temps faut-il de Paris à Marseille
2e voyageur: 4 h!

Un Enfant assoiffé stimule son voisin

1er voyageur — 2e voyageur

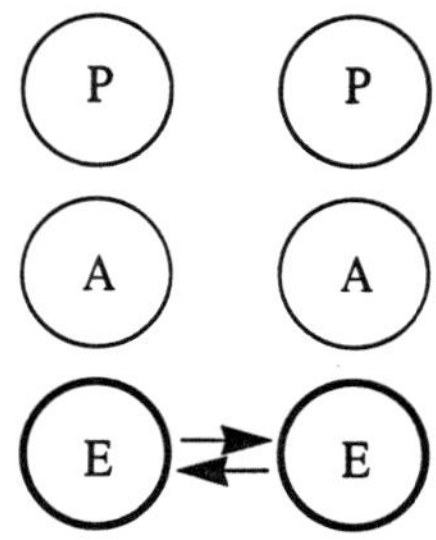

1er voyageur: un verre au wagon-bar, ça vous dirait?
2e voyageur: j'en boirai même deux!

La transaction croisée *(communication interférée par un autre état du Moi)*

Votre Parent cherche une approbation et c'est votre Adulte qui reçoit une réponse inattendue.

Vous — Votre collègue

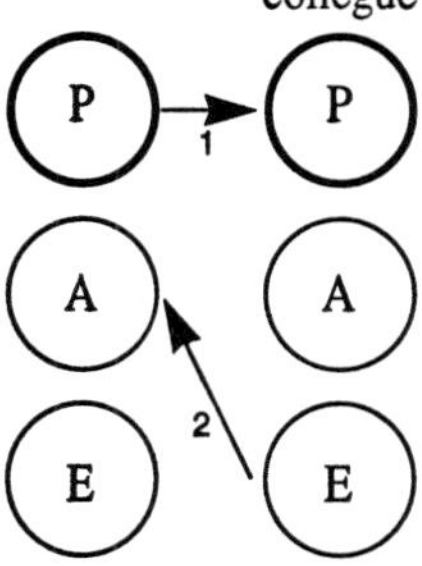

Vous: la circulation est devenue impossible en ville!
Votre collègue: le vélo, y a qu'ça de vrai, mon vieux, et c'est anti-pollution!

Un Adulte questionne le vôtre mais surgit votre Parent à sa place

Votre ami — Vous

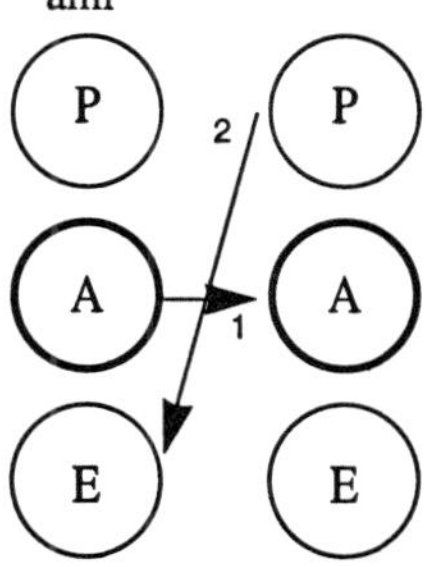

Votre ami: quelle heure est-il?
Vous: l'heure de régler nos comptes!

Votre Enfant « accroche » celui de votre conjoint dont l'Adultre surprend le vôtre.

Vous — Votre conjoint

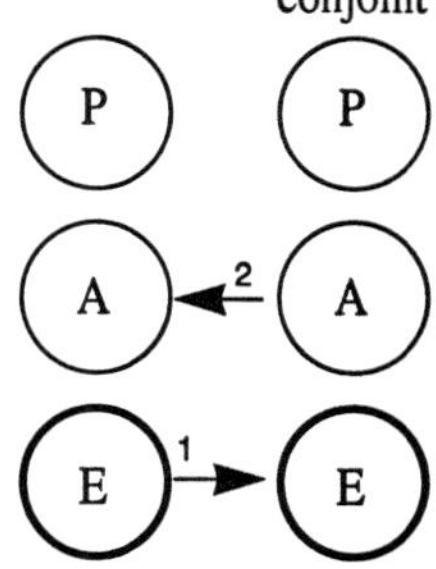

Vous: chérie, et si tu nous préparais un plateau-télé?
Votre conjoint: notre dernier dîner au restaurant, c'était quand?

LA TRANSACTION PARALLÈLE (OU COMPLÉMENTAIRE)
(COMMUNICATION SANS RUPTURE)

LA TRANSACTION PARALLÈLE (OU COMPLÉMENTAIRE)
(COMMUNICATION SANS RUPTURE)

LA TRANSACTION CROISÉE (COMMUNICATION INTERFÉRÉE PAR UN AUTRE ÉTAT DU MOI)

LA TRANSACTION CROISÉE (COMMUNICATION INTERFÉRÉE PAR UN AUTRE ÉTAT DU MOI)

FEUILLE DE ROUTE N° 12
VOS TRANSACTIONS SIMPLES

1. Vos transactions parallèles

Vous .... Vous .... Vous ....

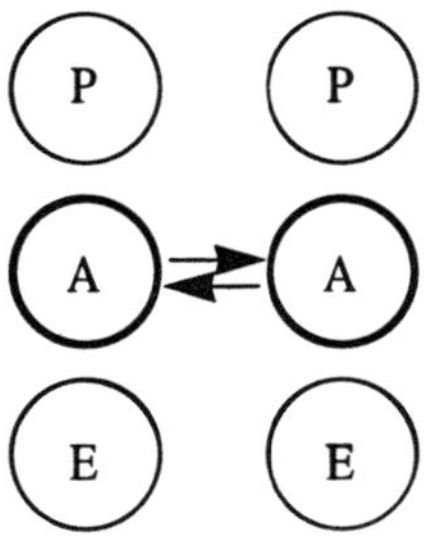

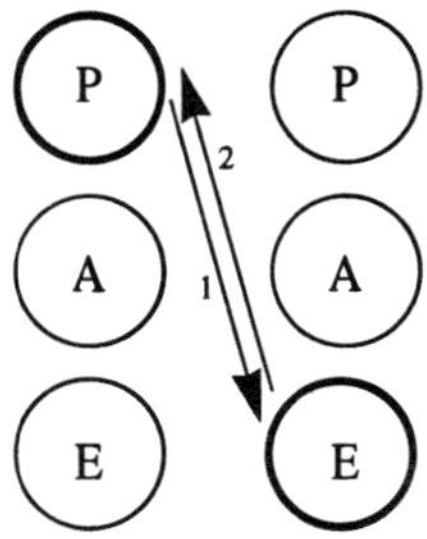

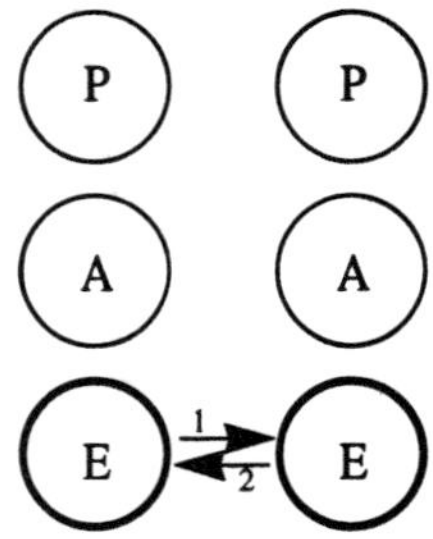

Vous: ....
....
Lui/elle: ....
....

Vous: ....
....
Lui/elle: ....
....

Lui/elle: ....
....
Vous: ....
....

Rapportez un échange entre vos états du Moi ci-dessus désignés et ceux de trois membres de votre famille.

2. Vos transactions croisées

Collègue Vous

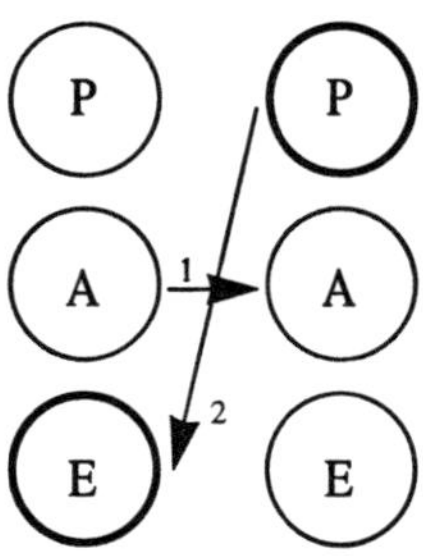

Vous Directeur

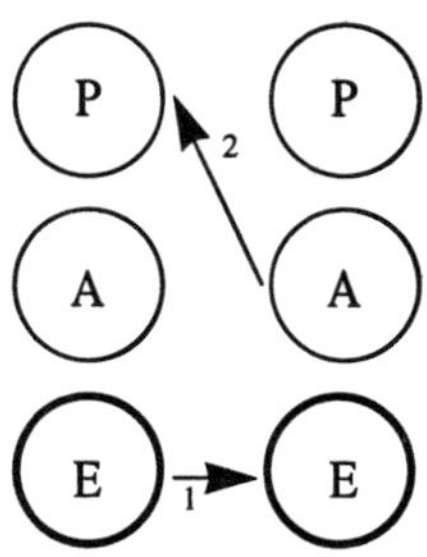

Vous Chef du personnel

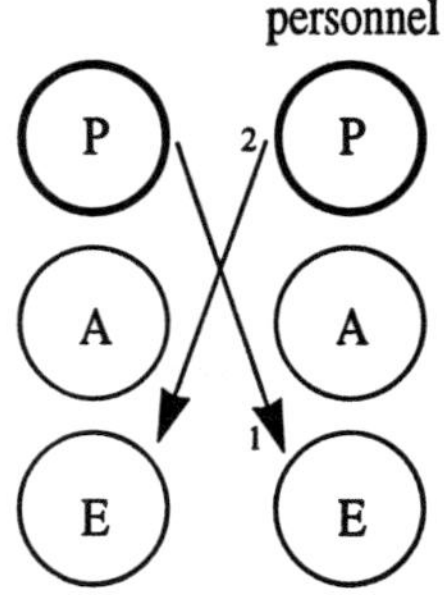

Collègue: ....
....
Vous: ....
....

Vous: ....
....
Directeur: ....
....

Vous: ....
....
Chef du personnel: ......
....

Imaginez les dialogues échangés entre vous et trois collègues ou supérieurs hiérarchiques.

2e Jalon
La transaction double (ou à double fond)

La transaction est ici *cachée,* ou « *angulaire* », à partir de plusieurs états du Moi en action simultanée.

1. La transaction cachée (ou duplex)

L'échange entre deux ou plusieurs personnes est dominé par un sous-entendu. C'est donc un dialogue à *double message,* à la fois verbal et psychologique, explicite et implicite.

Madame, vous voici devant la vitrine d'un bijoutier avec votre mari. Vos Adultes échangent des informations verbales claires. En réalité, l'Enfant de votre époux, qui pense... à son anniversaire, dialogue avec votre Parent.

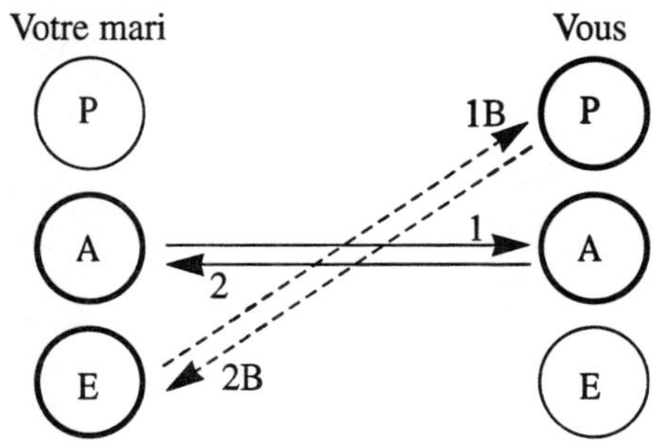

Niveau social — *Votre mari:* ces montres jetables sont très pratiques.
Vous: c'est vrai, et pas chères, pour des montres suisses !

Niveau psychologique — *Votre mari:* j'aimerais que tu m'offres une montre !
Vous: d'accord, chéri, c'est une bonne idée de cadeau !

La transaction cachée (ou duplex) (communication à double niveau, social et psychologique)

LA TRANSACTION CACHÉE (OU DUPLEX)
(COMMUNICATION À DOUBLE NIVEAU,
SOCIAL ET PSYCHOLOGIQUE)
1er message

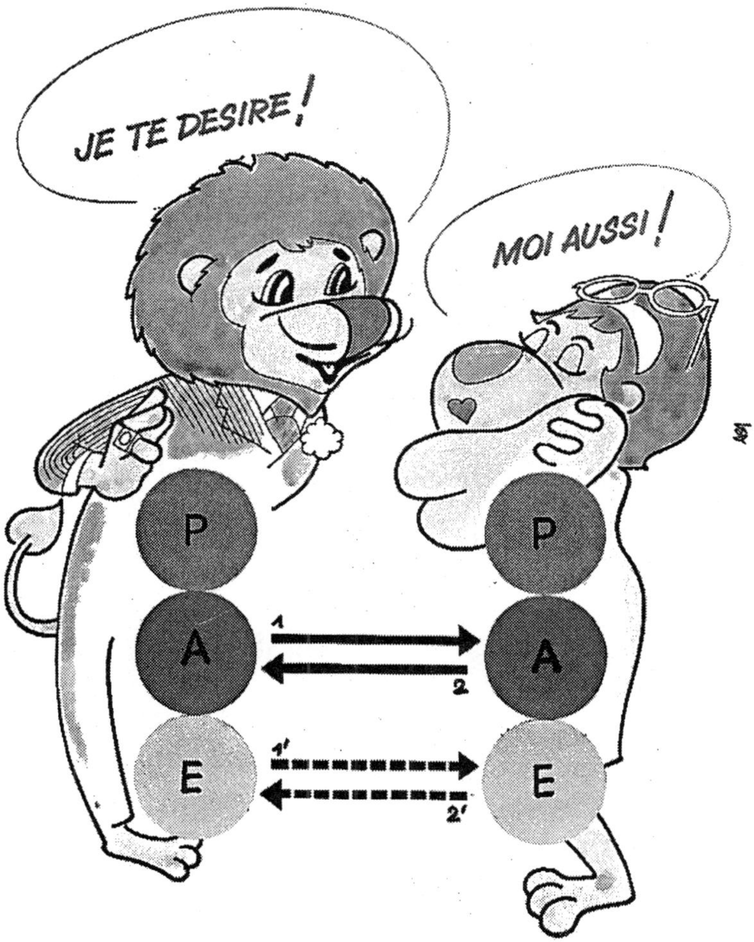

LA TRANSACTION CACHÉE (OU DUPLEX)
(COMMUNICATION À DOUBLE NIVEAU,
SOCIAL ET PSYCHOLOGIQUE)
2e message

2. La transaction angulaire (ou « du vendeur »)

L'échange a lieu entre deux personnes dont l'une s'exprime à la fois au niveau *social* et au niveau *psychologique*. À l'instar de la transaction cachée ci-dessus, une personne envoie, en même temps qu'un message clair à l'Adulte de son interlocuteur, un message non dit à un autre de ses états du Moi, en l'occurrence, à son état Enfant.

La configuration est donc une variante de la précédente, avec cette différence que l'un des interlocuteurs se fait manipuler par l'autre. N'avez-vous jamais été vous-même victime d'un individu au double discours, par exemple d'un vendeur redoutable, comme celui-ci ?

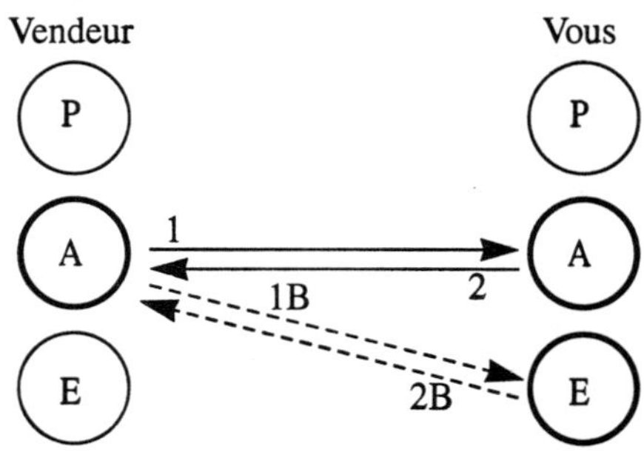

Vendeur : il n'y a pas de remise sur l'ordinateur professionnel, mais j'ai un modèle moins cher pour débutants.
Vous : alors je prends le modèle professionnel !

Sous-entendu
Vendeur : le modèle professionnel est trop bien et trop cher pour vous !
Vous : je suis informaticien et j'ai les moyens de m'équiper !

La transaction angulaire
(ou transaction « du vendeur »)
(communication d'un état du Moi vers deux autres)

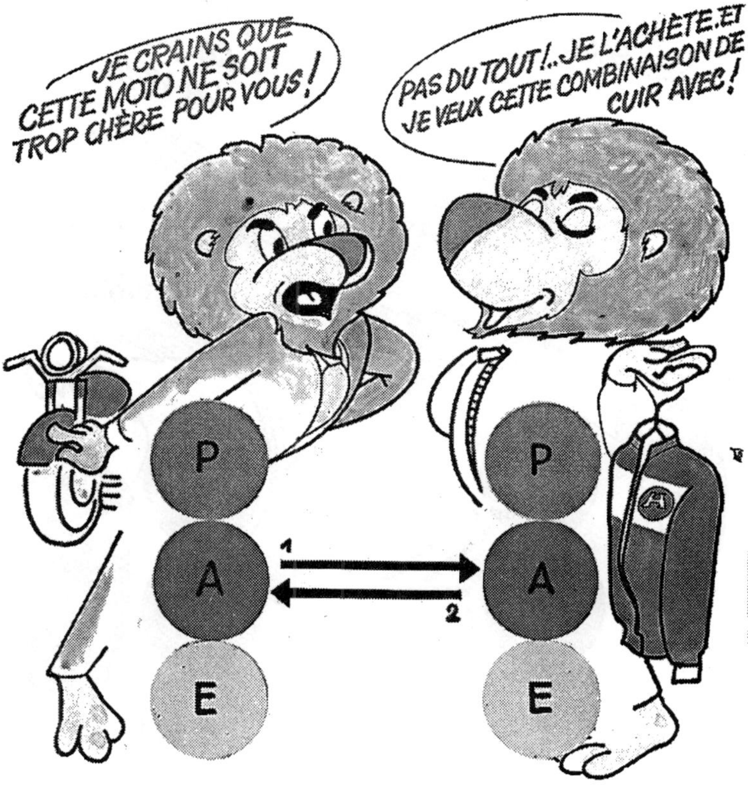

LA TRANSACTION ANGULAIRE (OU «DU VENDEUR»)
(COMMUNICATION D'UN ÉTAT DU MOI
VERS DEUX AUTRES)
1er message

LA TRANSACTION ANGULAIRE (OU «DU VENDEUR»)
(COMMUNICATION D'UN ÉTAT DU MOI
VERS DEUX AUTRES)
2e message

FEUILLE DE ROUTE N° 13

VOS TRANSACTIONS DOUBLES

1. Vos transactions cachées

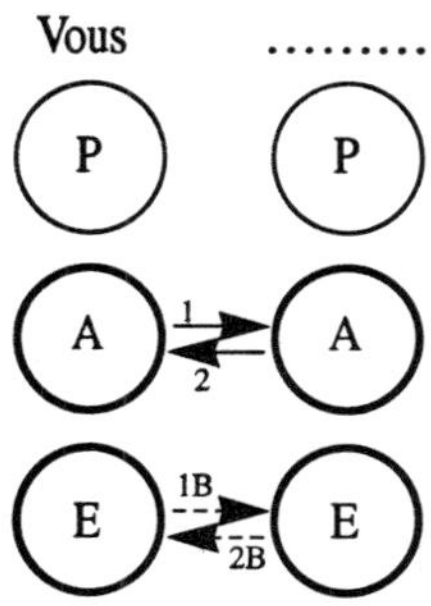

1. Vous: ....
2. Ami(e): ....
1B. Vous: ....
2B. Ami(e): ....

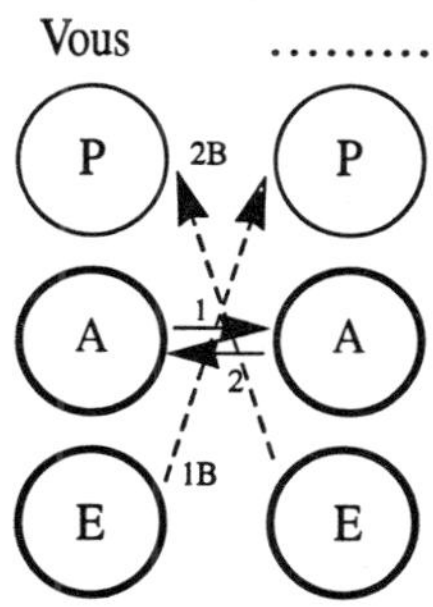

1. Vous: ....
2. Ami(e): ....
1B. Vous: ....
2B. Ami(e): ....

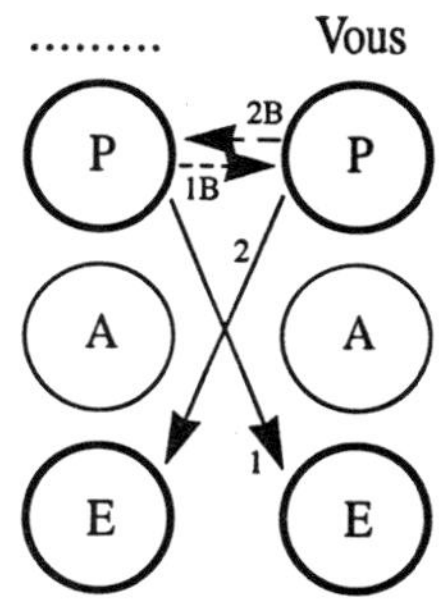

1. Ami(e): ....
2. Vous: ....
1B. Ami(e): ....
2B. Vous: ....

2. Vos transactions angulaires

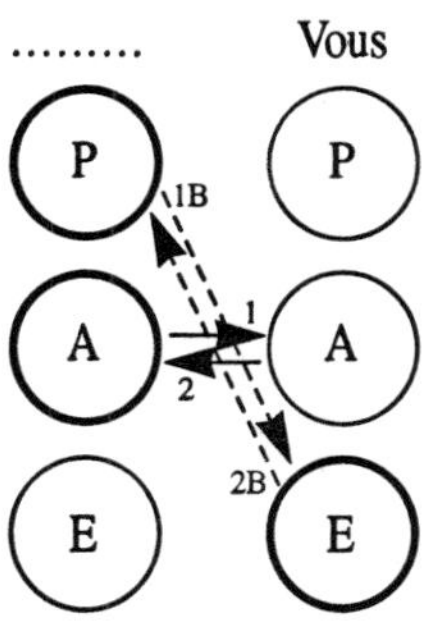

1. Ami(e): ....
2. Vous: ....
1B. Ami(e): ....
2B. Vous: ....

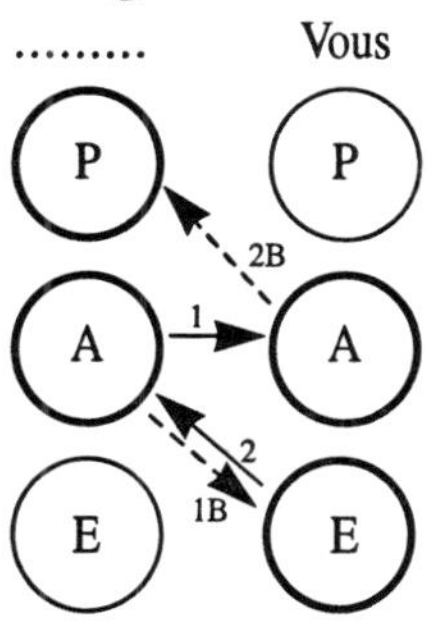

1. Ami(e): ....
2. Vous: ....
1B. Ami(e): ....
2B. Vous: ....

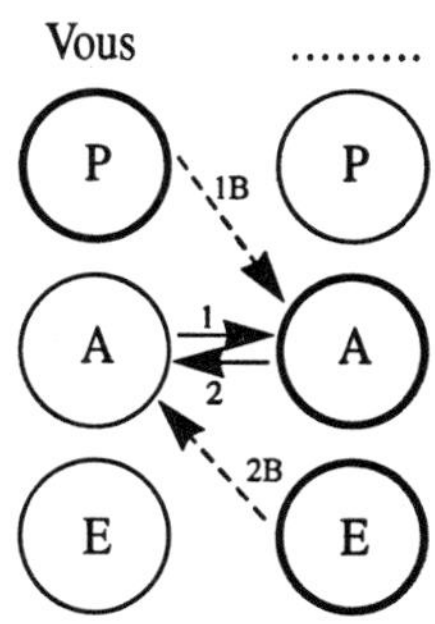

1. Vous: ....
2. Ami(e): ....
1B. Vous: ....
2B. Ami(e): ....

Inventez des transactions cachées et angulaires entre vous et vos ami(e)s.

3e JALON
LA TRANSACTION DE REDÉFINITION

La transaction est qualifiée de *bloquante* ou de *tangentielle,* lorsque le sujet de l'échange est remis en question par la dérobade de l'un des interlocuteurs qui pratique une «redéfinition» (c'est-à-dire qui modifie ou fuit une réalité à sa guise, nous l'avons précisé plus haut).

1. La transaction bloquante

Il s'agit d'un échange «piégé» par l'un des protagonistes, pour empêcher son aboutissement, souvent en répondant par une question.

Il vous est certainement arrivé, lors d'une envolée à visée humaniste auprès d'un ami, de vous faire «descendre en plein vol»... et d'avoir le «bec cloué» de la sorte:

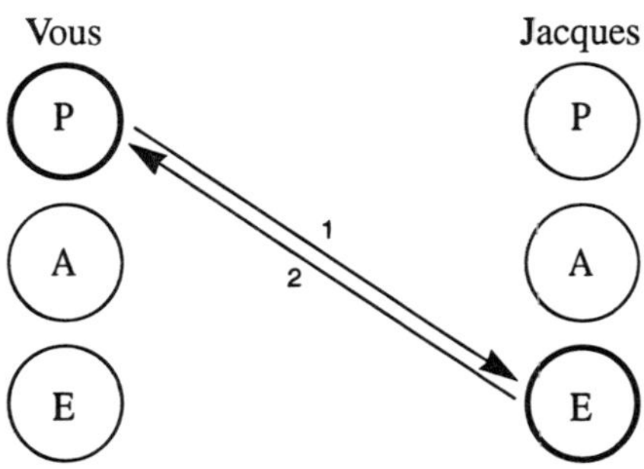

Vous: c'est l'amour qui sauvera le monde!
Jacques: qui croit encore à l'amour?

La transaction bloquante
(Communication interrompue)

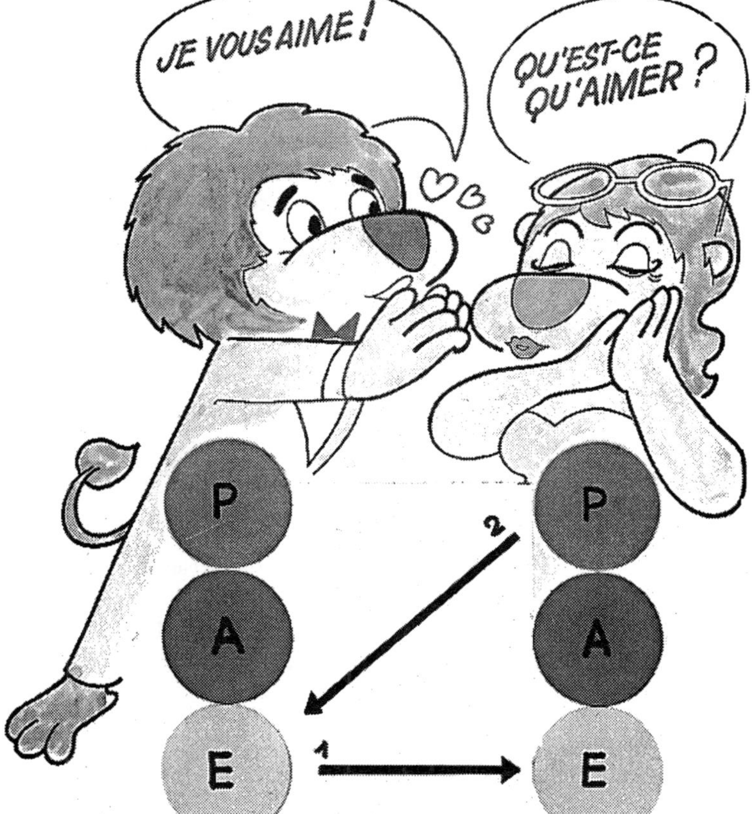

LA TRANSACTION BLOQUANTE
(COMMUNICATION INTERROMPUE)

2. La transaction tangentielle

L'un des interlocuteurs répond à côté de la question... pour ne pas répondre. Autrement dit, il s'esquive et, suivant l'expression, il « prend la tangente ».

À la différence de la transaction bloquante, la personne non seulement ne reste pas dans le sujet, mais en change carrément.

Le revenu individuel étant encore un sujet tabou en France, n'avez-vous pas un jour regretté votre témérité en questionnant ainsi un collègue... qui a, comme l'on dit, « botté en touche », pour évacuer le sujet :

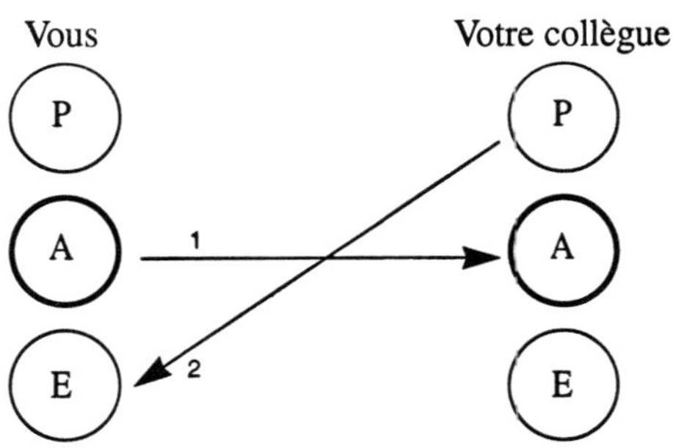

Vous : quel est ton coefficient salarial maintenant ?
Votre collègue : l'argent ne fait pas le bonheur !

La transaction tangentielle (communication déviée)

LA COMMUNICATION TANGENTIELLE
(COMMUNICATION DÉVIÉE)

FEUILLE DE ROUTE N° 14

VOS TRANSACTIONS DE REDÉFINITION

1. Vos transactions bloquantes

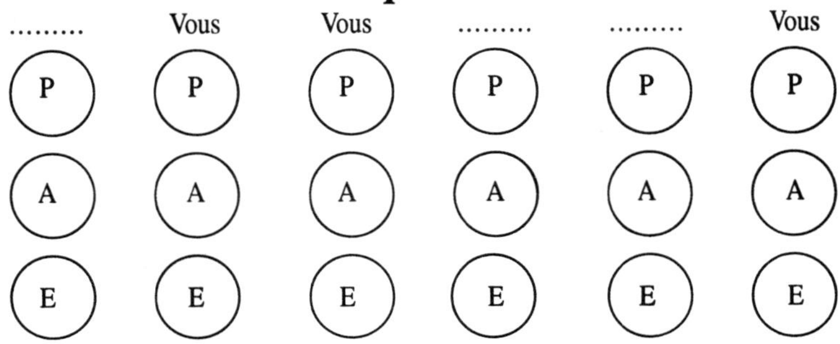

: .... Vous: .... : ....

....

Vous: .... : .... Vous: ....

....

2. Vos transactions tangentielles

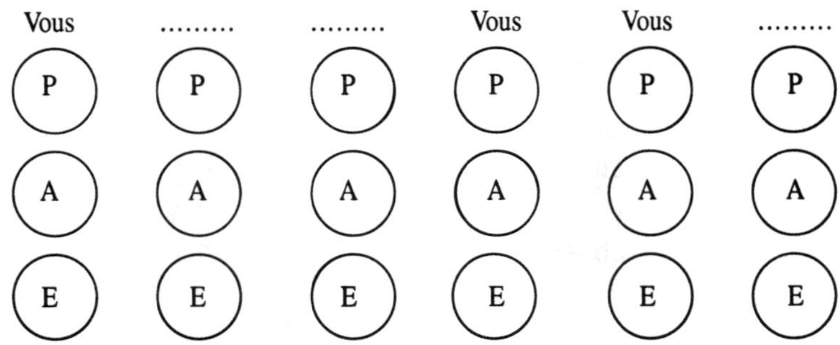

Vous: .... : .... Vous: ....

....

: .... Vous: .... : ....

....

Créez des situations d'échanges bloqués et tangentiels entre vous et des interlocuteurs de votre choix. Représentez les transactions par des flèches sur les diagrammes et inscrivez les propos brefs échangés, sous chacun d'eux.

TERME DU PARCOURS
S'ÉCOUTER POUR S'ENTENDRE

Vous l'avez compris, l'analyse des transactions permet de distinguer les échanges parfaitement clairs et directs (transactions parallèles) des relations de type sous-entendu, quiproquo ou porte-à-faux (transactions doubles et de redéfinition). Ce sont ces dernières, à l'évidence, qui caractérisent la « mal-communication » entre les personnes.

Il est donc judicieux de repérer, chez soi et chez autrui, les tendances aux transactions croisées (les plus fréquentes, mais aussi les plus nuisibles aux bonnes relations interindividuelles). Comme il est important de « décrypter » les transactions à double fond, angulaires et tangentielles qui viennent si fréquemment fausser, « envenimer » ou même intentionnellement stopper nos échanges, il convient de s'appliquer à trouver la raison de l'utilisation de ces mécanismes, quitte à « confronter » nos interlocuteurs !

Jules Renard, précurseur sans le savoir de l'analyse transactionnelle, n'avait-il pas déjà remarqué ces formes de perversions verbales en écrivant férocement : « La conversation est un jeu de sécateur où chacun taille la voix de son voisin aussitôt qu'elle pousse » ?

À noter que les transactions parallèles qui s'autoalimentent, dans leur complémentarité même, peuvent, elles, fonctionner pratiquement sans interruption. Il n'y a pas pour autant de transactions supérieures à d'autres : communiquer en permanence sur le mode des « transactions parallèles » serait vraiment monotone ! Au vrai, il n'y a en pratique que des transactions appropriées : celles qui, obéissant précisément à leur dynamique créative, aboutissent à la résolution des problèmes, but même de l'A.T. !

CINQUIÈME ÉTAPE

TU ME PARLES, DONC JE SUIS

LES SIGNES DE RECONNAISSANCE

« Nous avons inventé autrui, comme autrui nous a inventé. Nous avions besoin l'un de l'autre. »
PAUL ÉLUARD.

Profil du parcours
Le regard de l'autre

Pourquoi l'être humain communique-t-il avec autrui ?

Parce qu'à l'exemple de la nourriture, indispensable à sa survie, l'homme a besoin de marques d'attention. De ses parents ou de leurs substituts d'abord, de son entourage ensuite.

Le bébé reçoit les « signes de reconnaissance » attendus sous forme tactile (étreintes, caresses, baisers). Leur manque peut entraîner la mort, comme l'ont montré en 1945 les travaux du psychanalyste américain René Spitz, rappelés par Éric Berne.

Fondamental dans la prime enfance, ce rapport cutané est moins recherché plus tard. Le regard, le sourire, le geste, la parole, l'écrit, entre autres manifestations, sont progressivement reçus des autres comme des gratifications sociales de remplacement.

Partant, la satisfaction de cette soif de stimulations à distance se révèle à son tour capitale. Au manque de considération et, pire, à l'indifférence, les adultes que nous sommes devenus, peuvent parfois préférer les contacts dévalorisants du type reproches, voire coups (physiques ou psychologiques).

Les Américains appellent « *strokes* » ces stimuli, positifs ou négatifs, qui tout au long de notre vie nous sont nécessaires. De la fessée aux notes du carnet scolaire. De la tape sur l'épaule entre voisins au « carton jaune » de l'arbitre sur le terrain de football. Des embrassades entre parents, amis et collègues aux éclats d'une scène de ménage. Du pot de départ en retraite... à la feuille d'impôt (celle-ci n'est-elle pas la preuve que nous sommes bien « pris en compte » comme contribuable par notre percepteur ?).

Pour Claude Steiner, autre disciple de Berne, il y a quatre types de signes de reconnaissance qu'il qualifie de « stimulations » :

– les stimulations inconditionnelles positives ;

– les stimulations inconditionnelles négatives ;

– les stimulations conditionnelles positives ;

– les stimulations conditionnelles négatives.

1er JALON
LES STIMULATIONS INCONDITIONNELLES POSITIVES

Ces stimulations reconnaissent la personne pour elle-même, pour ce qu'elle est, globalement et sans restrictions. Quand vous dites spontanément :

– Tu es un soleil ! à votre partenaire.

– Je vous apprécie beaucoup ! à votre collègue.

– Vous êtes épatante ! à l'hôtesse d'accueil.

– Je vous trouve super ! à votre pompiste...

...vos stimulations sont toutes inconditionnelles et positives. Les trois états du Moi de vos interlocuteurs sont considérés et votre « signe de reconnaissance » verbal est pleinement gratifiant.

À l'évidence, la sincérité de cette stimulation absolue entraîne en même temps le comportement cohérent correspondant. Tout « passage de pommade » intentionnel ou toutes paroles hypocrites, ressentis comme tels par le destinataire, ne peuvent être que mal perçus. Si votre patron vous dit avant de partir en vacances : « j'ai une totale confiance en vous, je vous délègue la direction du service »... et qu'il ferme son bureau et son armoire à clé, vous n'apprécierez guère cette façon de faire aux antipodes de son discours !

Heureusement que le coup de fil providentiel d'un ami de toujours vous redonnera le sourire quand vous entendrez dans le récepteur : « oublie ce pignouf ! moi je suis heureux de te connaître, merci d'exister ! »

Bien sûr, le summum de la stimulation inconditionnelle positive consiste en sa réciprocité, c'est-à-dire qu'elle fonctionne à double sens, comme nous le montrent nos deux trapézistes... dont les sentiments savent prendre de la hauteur !

LES SIGNES DE RECONNAISSANCE
(STIMULATION INCONDITIONNELLE POSITIVE)

2ᵉ Jalon
Les stimulations inconditionnelles négatives

« Non seulement il n'est bon à rien, mais il est mauvais en tout ! »

Cette boutade pagnolesque fait toujours rire au cinéma ou à la télévision. Mais, quand on est lycéen, entendre son professeur vous lancer une réflexion du même genre, et devant toute la classe : « Vous ne comprenez pas grand-chose aux chiffres ni aux lettres d'ailleurs ! », correspond derrière la brimade, à une véritable « prescription d'échec ». Comme le goguenard boniment : « Vous feriez mieux de vous acheter un vélo qu'une voiture ! » du moniteur d'auto-école – qui pense faire de l'humour – peut dégoûter à jamais le candidat au permis de conduire.

Ces « attributions verbales », parfois perçues comme définitives, ne sont pas rares. Ne caractérisent-elles pas la restauration et les écoles hippiques, par exemple – où l'encadrement prétend encore souvent qu'« à la dure » on forme mieux les novices ! Sous cet aspect, on s'aperçoit aussi (et enfin !) des dégâts du bizutage dans bon nombre d'établissements scolaires !

Parce que les vexations, quelle qu'en soit la forme, sont à même de freiner ou d'empêcher toute évolution harmonieuse, il n'y a pas de raisons pour que vous acceptiez des autres ce genre de « stimulations ». Et en retour, bien entendu, interdisez-vous de les utiliser à l'encontre d'autrui. Il est toujours dommageable, même emporté par la colère, de se laisser aller à dire à quelqu'un : « Je vous méprise profondément ! »

Autant l'échange de stimulations inconditionnelles positives renforce une relation, autant celui de stimulations inconditionnelles négatives revient à la détruire. En ce sens, jouer du couteau est un jeu qui n'est jamais innocent !

LES SIGNES DE RECONNAISSANCE
(STIMULATION INCONDITIONNELLE NÉGATIVE)

3e Jalon
Les stimulations conditionnelles positives

« T'as d'beaux yeux, tu sais ! »

Encore une réplique célèbre, immortalisée par Jean Gabin, dans le film *Quai des brumes*. Comme lui, nous exprimons souvent à notre entourage des opinions gratifiantes, telles que :

– Tu as une voix très radiophonique !

– Votre coup droit au tennis est très efficace !

– J'aime beaucoup ton écriture !

Et, à l'image de Michèle Morgan dans le film précité, nous aimons recevoir des compliments comme :

– Vous êtes coiffée à ravir !

– La précision de votre rapport est remarquable !

– Votre façon de conduire est très reposante !

Notons que les stimulations conditionnelles positives ne concernent qu'une partie de la personne ou de ses activités. Vous pouvez vivement féliciter votre pâtissier pour ses choux à la crème et détester, en silence, son humour douteux !

L'intérêt de ces gratifications partielles est de conforter la personne dans sa créativité. La reconnaissance répétée de votre disposition rédactionnelle par vos proches vous conduira peut-être, qui sait, vers une carrière journalistique. De votre côté, vos encouragements amicaux, ajoutés à d'autres, peuvent favoriser la vocation tennistique d'un ami.

Vous constatez l'importance de ces « caresses », données et reçues, qui agrémentent notre quotidien. Comme la nourriture, elles ont leur propre valeur énergétique !

Si par quelque effet de la nature, le lion devenait dompteur, il saurait peut-être nous « dresser ». C'est-à-dire, avec les mots qu'il faut, valoriser nos qualités pour nous rendre meilleurs !

LES SIGNES DE RECONNAISSANCE
(STIMULATION CONDITIONNELLE POSITIVE)

4e Jalon
Les stimulations conditionnelles négatives

En l'occurrence, le signe de reconnaissance est souvent assorti d'une critique ou d'une réserve, voire d'une référence à une règle.

– Votre reportage vidéo est très vivant. Dommage qu'il n'y ait pas assez de gros plans ! s'entend dire le cameraman par son rédacteur en chef.

– Quand cesseras-tu de mettre ta cravate à pois avec une chemise rayée ? répète cette femme à son mari.

– Pourquoi avez-vous saisi ce texte confidentiel sur l'ordinateur ? Vous savez bien qu'il peut être piraté ! affirme le chef de service à son assistante.

Les signes de reconnaissance qui constatent une action ont habituellement une intention directive. Émis par le Parent Bienveillant, ils se révèlent précieux pour guider un travail ou enseigner une technique. Ils nuisent à l'initiative quand, venant du Parent Critique, ils restent surtout normatifs, désapprobateurs, voire menaçants.

Supposons que vous preniez votre première séance d'équitation. Vous aimerez que le maître de manège vous dise : « C'est bien, gardez le buste droit, oui, continuez comme ça, allez, faites encore un tour ! », mais vous n'apprécierez pas qu'il ajoute dans la foulée « ... si vous ne tombez pas de cheval avant ! »

La stimulation conditionnelle négative est de fait une manière de montrer son savoir, sa supériorité à son interlocuteur. Parfois même quelque jalousie !

C'est le cas du clown blanc qui, certes, admire le talent musical de son compère l'auguste mais qui est agacé par ses gags imprévus... et envieux des applaudissements qu'il recueille.

LES SIGNES DE RECONNAISSANCE
(STIMULATION CONDITIONNELLE NÉGATIVE)

Terme du parcours
Donner et recevoir

Pour avoir une vision d'ensemble, nous pouvons schématiser ainsi les quatre types de stimulations :

Stimulations	**Conditionnelle**	**Inconditionnelles**
Positives	*Vous êtes merveilleux !*	*Votre aquarelle est superbe !*
Négatives	*Je vous déteste !*	*Ton exposé était trop long !*

Il est intéressant d'observer que nous gérons nos signes de reconnaissance telle une monnaie d'échange.

Suivant notre éducation, nous avons appris à être prodigue ou avare en la matière, c'est-à-dire à DONNER, RECEVOIR (ou ACCEPTER), DEMANDER, REFUSER, NOUS DONNER (à nous-mêmes) des stimulations – ou pas. Claude Steiner, le psychologue précité parle ici d'une véritable « économie des signes de reconnaissance » propre à chaque individu.

Rappelez-vous (ou imaginez !) votre dernière réception, que vous avez si bien préparée. Simone, toujours volubile, a su vous *donner* ses sentiments enthousiastes sur tous vos plats alors que Jacques son ami, ce mufle, s'est bâfré sans mot dire ! Comme toujours, Paul, l'anxieux, obsédé par son cholestérol, n'a pas mangé une bouchée sans *demander* l'avis de sa femme. Roland, lui, était visiblement ravi de *recevoir* autant de félicitations avec ses cadeaux d'anniversaire. À l'inverse de Michèle qui, pour sa part, croit toujours qu'on la flatte : elle n'a même pas voulu *accepter* l'idée que ses nouvelles lunettes sans bordure valorisaient son regard. Et enfin, souvenez-vous : Pierre, toujours trop gentil et qui ne sait rien *refuser*, a bien entendu fait le tour de la ville en voiture pour raccompagner tout le monde !

Et vous, oui vous, qui tenez ce livre entre vos mains ! avez-vous seulement pensé à vous *donner à vous-même* quelque récompense après cet excellent dîner ? Et si, par exemple, vous alliez au cinéma pour vous récompenser !

Ainsi, chacun de nous a besoin, comme de pain, de sa ration journalière de stimuli, agréables ou déplaisants. Sur ce plan, retenons qu'on ne peut donner, en retour, que ce que l'on a reçu. Quand de la famille à l'école, puis à l'armée, ont trop résonné les « On ne parle pas à table ! », « Silence dans les rangs ! » ou « Vos gueules là-d'dans ! », une *rééducation* à l'échange des signes de reconnaissance peut s'imposer.

C'est l'une des démarches que propose l'analyse transactionnelle en thérapie individuelle ou de groupe et en formation dans les entreprises.

FEUILLE DE ROUTE N° 15

VOS SIGNES DE RECONNAISSANCE

Réfléchissez à vos récentes rencontres professionnelles et personnelles. Rapportez ensuite dans les cases correspondantes ci-dessous les stimulations de toutes formes que vous avez échangées et qui vous ont marqué. Notez également celles qui vous ont été données à ces occasions. Tirez vos conclusions en bas de page.

STIMULATIONS	INCONDITIONNELLES		CONDITIONNELLES	
	POSITIVES	NÉGATIVES	POSITIVES	NÉGATIVES
DONNÉES				
REÇUES				
DEMANDÉES				
REFUSÉES				
DONNÉES À VOUS-MÊME				

Vos conclusions

....

....

....

....

....

....

....

....

....

....

SIXIÈME ÉTAPE

QUE FAIRE DE TOUT CE TEMPS ?

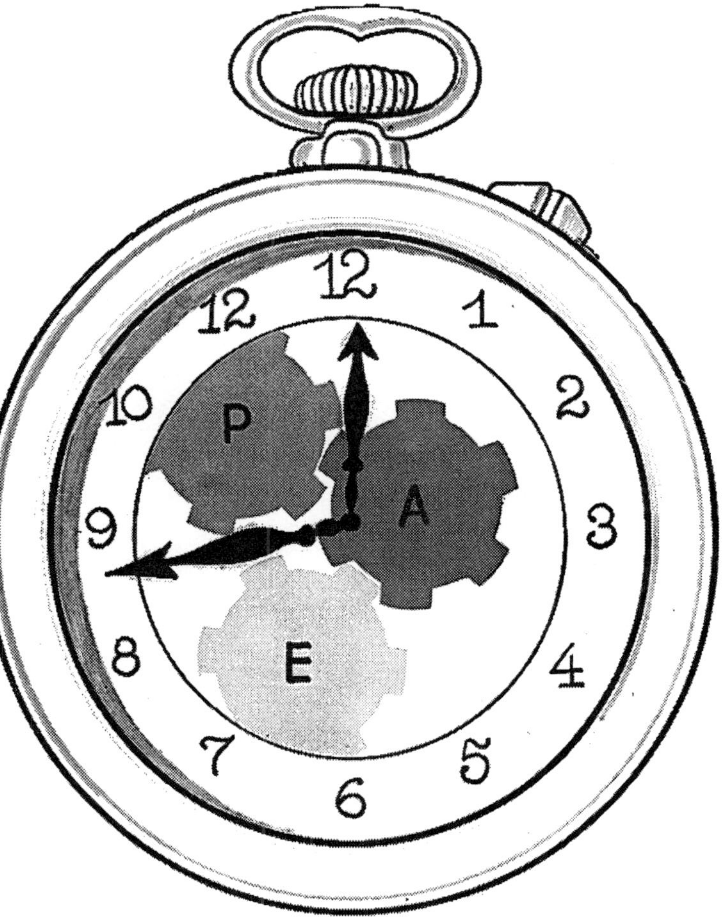

LA STRUCTURE DU TEMPS

« Que de gens qui en voulant tuer le temps,
le ratent ! »
A. BIRABEAU.

PROFIL DU PARCOURS DE TEMPS EN TEMPS

Si le petit d'homme passe le plus clair de son temps à dormir, il cherche vite en grandissant à occuper ses heures de veille, jusqu'à exprimer cette nécessité avec une question essentielle, voire angoissante : « Comment utiliser le temps qui m'est donné à vivre ? »

L'analyse transactionnelle postule que ce désir impérieux de structuration du temps, moins qu'à la crainte de l'ennui, correspond davantage à notre soif éperdue de contacts sociaux, après la perte de la proximité maternelle.

Certes, le rythme du temps est le même pour tous, mais pas son utilisation. Nous devrions d'ailleurs évoquer *les* temps de notre vie, et non *le* temps, puisque nous le découpons en diverses séquences de travail, de loisirs, de sport, de repos, etc.

Pour sa part, Éric Berne inventorie six façons ordonnées de structuration temporelle, propres à nous permettre d'échanger des signes de reconnaissance avec nous-mêmes et les autres. En ordre croissant, cette hiérarchie de notre investissement affectif s'établit ainsi :

- le RETRAIT ;
- le RITUEL ;
- le PASSE-TEMPS ;
- l'ACTIVITÉ ;
- le JEU PSYCHOLOGIQUE ;
- l'INTIMITÉ.

Ces six modes d'utilisation du temps, en apparence sans liens, ont un point commun : ils constituent autant d'occasions pour nos états du Moi d'assouvir individuellement leurs besoins.

Examinons chaque situation.

LA STRUCTURE DU TEMPS
(QUE FAIRE QUAND JE NE DORS PAS ?)

1er Jalon
Le retrait

C'est le degré zéro de l'échelle des transactions.

Ce garçon de café qui a servi des centaines de clients au comptoir est heureux le soir venu de s'isoler dans sa chambre avec... sa collection de timbres.

Ce voyageur, l'air rêveur et coiffé d'un baladeur dans le métro bondé, s'évade de la foule avec *La Flûte enchantée* de Mozart.

Et vous, son voisin de banquette, ne prenez-vous pas comme lui quelque distance... en poursuivant la lecture du présent livre !

Tout comme votre Enfant Libre, amoureux des étoiles, souhaiterait méditer sur votre balcon un soir de pleine lune, avec la complicité de votre Parent Bienveillant.

Excessif, l'isolement indique des difficultés relationnelles à prendre en compte et à traiter. Momentané, le *retrait* protège et régénère.

Il faut noter ici, en effet, que ce mode de structuration du temps – qui est une forme de retour à soi et donc de communication avec soi-même – peut être véritablement salutaire quand existe ou vient d'exister un trop-plein relationnel. Si communiquer est vital, il ne s'agit pas non plus de communiquer à tout moment et à tout prix !

Ce n'est pas un hasard, si de plus en plus de gens éprouvent le besoin d'effectuer une retraite (le mot est explicite) bienfaisante de quelques jours dans le silence et la vie paisible d'un monastère, sans forcément d'ailleurs en observer les rites religieux.

Oui, il est sain, à intervalles réguliers, de se retrouver seul. Précisément, pour mieux communiquer ensuite.

LA STRUCTURE DU TEMPS
(LE RETRAIT)

2e Jalon
Le rituel

– *Allô ! c'est moi ! Comment vas-tu ?*

– *Bien et toi ?*

– *En pleine forme !*

Ou encore, dans un ascenseur :

– *Bonjour madame ! Quel froid ce matin !*

– *Vous avez raison, je suis gelée !*

– *Un temps à rester au lit !*

Quoi de plus banal que ces transactions presque « toutes faites », sans surprise, aux mots relevant souvent du « par cœur » et reproduites machinalement des millions de fois par jour dans notre système culturel ? Au vrai, elles constituent le premier échelon des signes de reconnaissance.

Rassurant, parce que répétitif, généralement bref, le *rituel* est le passage obligé pour accéder peut-être ensuite à des contacts plus « engageants », avec un développement de la conversation.

Dans la rue, un soldat croisant un officier s'empresse de le saluer réglementairement – la main tendue portée à la coiffure – et le supérieur ne manque pas de répondre au subordonné par le même geste.

Vous ne sauriez vous-même commencer votre journée au bureau sans échanger quelques bises ou poignées de main avec vos collègues. Et aussi, sans prendre votre « petit noir » à la machine à café. Ou bien sans vous donner le coup de peigne ou de vaporisateur matinal, avant d'entrer en réunion de travail.

Parce que « ritualiser », c'est aussi communiquer avec soi-même. *Rituel* ne rime-t-il pas avec *habituel ?*

LA STRUCTURE DU TEMPS
(LE RITUEL)

3e Jalon
Le passe-temps

Par son côté conversationnel, sans danger, l'échange de type *passe-temps,* entre deux ou plusieurs personnes, rejoint partiellement le *rituel.* Il s'agit de remplir un laps de temps avec la parole.

Nous voici au restaurant d'entreprise où l'on s'efforce de ne pas parler « boulot ». Heureusement, il reste la « bagnole », la télé, les vacances, la politique, l'Europe et l'euro ! Les Parents Critiques sont à leur affaire :

– La limitation de vitesse et le permis à points, quelles blagues !

– De toute façon, on ne peut plus rouler !

– Moi, c'est réglé, fini les feux rouges : le métro et le train, y a qu'ça de vrai !

– Avec les vacances en France, maintenant à l'étranger c'est aussi cher !

– D'accord pour la France, mais dommage que le soir, la télé soit si nulle !

– Et quand elle sera en douze langues, j'ose même pas y penser !

– De toute façon, on n'y parle que de scandales financiers !

– Rassurez-vous, dans tous les pays, c'est pareil, tout ça avec nos impôts !

– En attendant, il faut se préparer à l'euro !

– Et moi qui calcule encore en anciens francs !

Le *passe-temps* permet, outre de refaire le monde, de se reconnaître mutuellement et, parfois, de « préparer le terrain » pour introduire des transactions plus impliquantes, avec un ou des interlocuteurs choisis. Ainsi, naissent parfois les idylles ! À moins, qu'au retour du marché, on ne s'arrête pour déplorer le mauvais temps et critiquer ses voisins puis la politique !

Enfin, le *passe-temps* favorise l'expression de chacun… si

toutefois le plus bavard ne monopolise pas soudain la conversation avec les derniers gags de *La Caméra cachée* ou du film comique en vogue !

LA STRUCTURE DU TEMPS
(LE PASSE-TEMPS)

4e JALON
L'ACTIVITÉ

Pour l'analyse transactionnelle, l'*activité* ne s'entend pas uniquement en terme de travail professionnel quotidien exercé à l'usine, au bureau ou dans un commerce.

Il vous est bien sûr loisible de réaliser aussi une activité, notamment sportive (par exemple : participer à une randonnée pédestre), intellectuelle (par exemple : faire des tournois de bridge ou de scrabble), culturelle (par exemple : contribuer à la restauration d'un château) ou encore associative (par exemple : vendre du muguet le 1er mai ou tenir un stand de brocante sur un marché pour un mouvement humanitaire). Cette dernière activité pouvant amener, comme dans une entreprise, le président de l'association à comparer les résultats des ventes d'années en années, pour encourager sa troupe à encore faire mieux !

Le but de l'*activité* est, au-delà des échanges verbaux, une ou des réalisations en commun. Précisément à même de procurer des *stimulations conditionnelles,* en fonction des « performances » accomplies, elle met en situation chez les participants, toutes les qualités de leurs états du Moi : la culture du Parent, le savoir-faire de l'Adulte, la sensibilité de l'Enfant.

Si, entre amis membres d'une troupe de théâtre amateur, vous montez et jouez une pièce de Feydeau à la salle des fêtes de votre ville, chacun de vous espère recevoir des signes de reconnaissance à la fin du spectacle. Du public d'abord, avec des bravos... ou – c'est possible – des huées ! De vos partenaires ensuite, avec des congratulations... ou – cela arrive – des « engueulades », pour les libertés prises avec le texte ou les trous de mémoire des uns ou des autres !

Qui ne risque rien n'a rien !

LA STRUCTURE DU TEMPS
(L'ACTIVITÉ)

5e Jalon
Le jeu psychologique

Le mot «jeu» est à prendre ici au sens figuré «jeu pervers» ou encore «stratagème», choses qui, en soi, ne sont pas spécialement amusantes.

Pourquoi éprouvons-nous le besoin de pervertir une relation ? Comment est-ce possible ? À la fois pour occuper le temps mais aussi pour satisfaire notre Parent Critique (qui peut en l'occurrence, exprimer ses constats négatifs), notre Parent Nourricier (toujours prêt à consoler) et notre Enfant Adapté, Soumis ou Rebelle (en permanence avide de stimulations même désagréables).

Il suffit de les activer dans une série de transactions à double fond, qui vont «accrocher», parfois irrésistiblement, les mêmes états du Moi d'un partenaire consentant... souvent malgré lui (voir notre illustration ci-après).

Parmi tous les *jeux* répertoriés par Berne (l'étape suivante leur est consacrée), un classique est celui du *Oui, mais*. Ne vous êtes-vous jamais fait prendre ainsi :

Votre collègue : «Je grossis, il faudrait que je fasse un régime !»

Vous : «Supprime les féculents !»

Votre collègue : «*Oui, mais* à la cantine, c'est pas facile !»

Vous : «Alors fais-toi des salades au bureau !»

Votre collègue : «*Oui, mais* tu sais bien que c'est interdit !»

Vous : «J'ai une idée, achète des rations hypocaloriques en pharmacie !»

Votre collègue : «*Oui, mais* ces trucs-là, ça va me démolir la santé. Merci bien du conseil !»

Vous (exaspéré) : «Dis donc toi, tu commences à me courir, après tout, débrouille-toi avec tes kilos !...»

Votre collègue : «Bon, j'ai compris ! Pas la peine de te fâcher... je vais m'habiller plus ample, c'est simple !»

Mettre en difficulté votre Parent Nourricier, faire plaindre son Enfant Adapté Soumis et surtout ne pas résoudre son problème – ce qui nous renvoie à la *passivité* – c'est bien ce que voulait votre collègue en jouant avec vous ! Nous verrons plus loin comment arrêter un *jeu.*

LA STRUCTURE DU TEMPS
(LE JEU PSYCHOLOGIQUE)

6e Jalon
L'intimité

Berne l'affirme : « Nous ne vivons que de très rares moments d'authentique intimité dans notre vie. »

Comment définir cet unique et précieux temps ? À n'en pas douter, comme le summum de la communication interpersonnelle. L'*intimité* se révèle justement par ce qu'elle n'est pas : appréhension, système, rôle, programmation, manœuvre, autant de processus qui peuvent caractériser les autres modes de structuration du temps.

Un vieux dictionnaire dit très justement que « l'intimité trahit les défauts de chacun », indiquant par là l'ouverture totale et sans méfiance de la personne, à savoir de tous ses états et sous-états du Moi. Bref, elle se montre telle qu'elle est.

C'est en particulier l'opportunité pour l'Enfant Libre d'exprimer sans retenue, sans jeux ni enjeux, la gamme de ses émotions et celles du (des) partenaire(s), qu'il soit l'être aimé, le parent, l'ami(e). C'est aussi le mode de structuration du temps le plus valorisant où la parole est souvent inutile.

Rappelez-vous ces moments privilégiés avec vos proches : *Les Quatre Saisons* de Vivaldi écoutées ensemble, assis sur la moquette, en feuilletant le vieil album de photos familiales ; cette promenade en forêt, avec votre chien, dans les senteurs de bruyère ; cette inoubliable fin d'après-midi sur la plage, au soleil couchant ; votre fils endormi sur votre épaule en avion ; et cette énorme glace à la pistache savourée à deux, dans un long fou rire, sur le banc du square. C'est cela l'*intimité* : unité de pensée, fête des sens, joie spontanée de la vraie rencontre, instants d'éternité délicieusement partagés.

Mieux qu'elle ne se décrit, l'*intimité* se vit.

LA STRUCTURE DU TEMPS
(L'INTIMITÉ)

Terme du parcours
Le temps bien partagé

Nous organisons notre temps pour assouvir nos besoins d'occupation, de sensations et de stimulations.

Il n'y a pas de modèle en matière de structuration temporelle. Chacun de nous choisit son utilisation du temps en fonction de ses goûts et des influences socioculturelles.

De plus, une même occupation dans un même lieu peut être vécue différemment par plusieurs individus, on s'en doute. Il est intéressant de le remarquer: être devant un verre au bar-tabac signifie un *retrait* pour l'étudiant pensif, un *passe-temps* pour les joviaux joueurs de belote, l'*intimité* pour deux amoureux ravis, un *rituel* pour le fidèle « abonné » au Loto, un *jeu psychologique* avec le patron pour le pochard obstiné, appuyé sur le comptoir... et l'*activité* quotidienne pour le barman blasé !

L'important est de repérer vos propres modes de structure préférentiels, autrement dit de prendre soin d'inventorier votre « système d'économie de stimulations ». Utilisez-vous votre temps de façon homogène ? Combien de temps donnez-vous aux autres ? Combien vous en donnent-ils en échange ? Combien vous en donnez-vous ? L'exercice que nous vous proposons à la fin de cette étape (le structurogramme) vous aidera à répondre à ces questions.

Qui dit emploi du temps dit dépense d'énergie. Il est bien entendu préférable de répartir celle-ci harmonieusement sur l'ensemble des modes relationnels que de l'investir à longueur d'année sur quelques-uns.

À l'évidence, mieux vaut établir des contacts sociaux de qualité avec peu de gens que de multiplier des jeux pervers avec beaucoup. Encore faut-il en prendre conscience, ce que permet l'A.T.

FEUILLE DE ROUTE N° 16

VOTRE STRUCTURE DU TEMPS

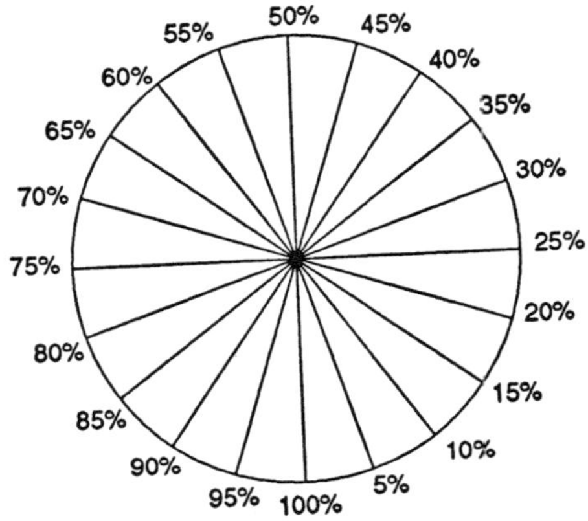

Structurogramme

1. Évaluez en % vos modes de structuration du temps
2. Reportez les sur le structurogramme en segmentant chaque mode par des plages de couleur différentes
3. Indiquez vos pourcentages actuels dans l'encadré ci-dessus et, éventuellement, votre nouvelle distribution du temps

MODES	ACTUELLEMENT	DÈS DEMAIN
RETRAIT	%	%
RITUEL	%	%
PASSE-TEMPS	%	%
ACTIVITÉ	%	%
JEUX PSYCHO	%	%
INTIMITÉ	%	%
	100 %	100 %

Vos constats

....

....

....

....

....

....

....

....

....

....

SEPTIÈME ÉTAPE

VOULEZ-VOUS JOUER AVEC MOI ?

LES JEUX PSYCHOLOGIQUES

« Ils avaient, l'un et l'autre, tellement l'habitude de perdre qu'un jour où ils jouèrent ensemble, ils perdirent tous les deux. »

JULES RENARD.

Profil du parcours
Un jeu de société

Le jeu psychologique – encore appelé *jeu pervers, jeu de dupes* ou *stratagème* –, s'il est en quelque sorte un «jeu de société», n'a rien à voir avec les dominos ou le Monopoly. Nous le savons depuis l'étape précédente: il nous permet de structurer le temps et d'obtenir des signes de reconnaissance négatifs... à défaut de positifs.

Dans son best-seller, *Des jeux et des hommes,* où il en a recensé et baptisé pas moins d'une quarantaine – avec des noms amusants –, Berne nous révèle que les jeux psychologiques contribuent aussi à l'assouvissement de notre agressivité constitutionnelle. Ils sont donc propres à la nature humaine et, partant, dire que chacun de nous est plus ou moins «joueur» (au plan transactionnel) n'est pas faux. Nous pouvons même avoir, comme des tours, plusieurs jeux «dans notre sac» !

À cet effet, en tant qu'opérateurs de la «communication interhumaine», nous disposons individuellement, par le biais d'un relais triangulaire Parent Critique/Enfant Adapté/Parent Nourricier d'une *dynamique persécuteur/victime/sauveteur* (voir figure explicative ci-après).

Nous la retrouvons aussi bien dans l'ordinaire de nos échanges journaliers que, malheureusement, à une autre échelle, dans l'atrocité des affrontements internationaux.

L'intensité d'un *jeu psychologique* se mesure à ses changements de rôle et à ses retournements de situation ; les premiers sont symbolisés par le triangle de Karpmann ; les seconds, par la formule des jeux de Berne

Examinons ces deux outils.

1er JALON
LE TRIANGLE DRAMATIQUE DE KARPMANN

Une pièce de boulevard ne saurait fonctionner sans le trio mari/épouse/amant, précisément tour à tour : *persécuteurs, victimes, sauveteurs.*

Steve Karpmann, psychologue également proche de Berne, a très finement remarqué le même principe triangulaire dans tous les petits actes souvent frustrants qui font de notre quotidien... la grande comédie humaine.

Il le schématise simplement ainsi :

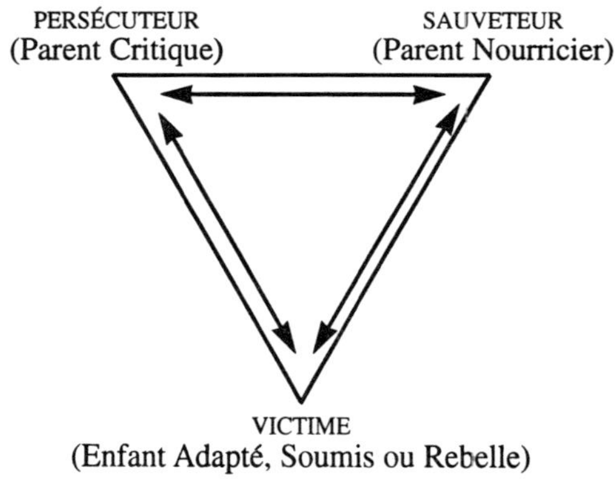

Les flèches nous indiquent que ce triangle est « articulé » par l'alternance des acteurs : comme au théâtre, ils peuvent changer de rôles plusieurs fois et, dans un mouvement tournant, réoccuper leurs « emplois » précédents.

Ce triangle est qualifié de « dramatique » (du grec *drama* qui signifie « action »), à la fois au sens théâtral du terme avec sa dimension émouvante, et aussi au sens social qui peut voir surgir du jeu une situation grave. À remarquer que les trois rôles en cause sont souvent joués inconsciemment, d'où la surprise éventuelle des protagonistes devant les effets – parfois explosifs – qu'ils provoquent !

LES JEUX PSYCHOLOGIQUES
(LE TRIANGLE DRAMATIQUE DE KARPMANN)

Vous reconnaissez-vous dans ce « jeu familial ? »

Un soir, au dîner...

☞ PERSÉCUTEUR. *Le père* (à son fils) : Je t'interdis de lire à table, donne-moi cette bande dessinée tout de suite !

☞ VICTIME. *Le fils* (à son père) : C'est toujours la même chose, je n'ai vraiment aucun droit ici !

☞ SAUVETEUR. *La mère* (à son mari) : Tu es trop sévère avec cet enfant, pour une fois, tu peux bien lui faire plaisir !

☞ PERSÉCUTEUR. *Le fils* (à son père) : Et d'abord, pourquoi, toi, tu lis le journal ?

☞ VICTIME. *Le père* (à son fils et son épouse) : C'est ça, allez-y, mettez-vous à deux contre moi !

☞ PERSÉCUTEUR. *La mère* (à son mari) : Et maintenant de ton journal tu embrayes avec la télévision ! Ah ! bravo, mets au moins la deuxième chaîne, mon feuilleton va commencer !

☞ SAUVETEUR. *Le fils* (à sa mère) : Mais, Maman, tu sais bien que c'est l'heure des infos sur la troisième pour Papa !...Et puis après, il y a les dessins animés !

☞ PERSÉCUTEUR. *La mère* (à son fils) : Pas question de dessins animés ! Tu vas immédiatement filer apprendre tes leçons pour demain !

☞ SAUVETEUR. *Le père* (à la mère) : J'ai compris ! Je vais acheter une deuxième télé pour notre chambre. Comme ça il n'y aura plus d'histoires !

☞ VICTIME. *Le fils* (à ses parents) : C'est ça, et moi alors, vous y pensez ! Décidément, personne ne m'aime ici !

2e JALON
LA FORMULE DU JEU

Le jeu *Oui, mais* décrit lors de la sixième étape nous l'a démontré : un *jeu psychologique* s'articule en une série de transactions de type sous-entendu, qui s'achemine vers une fin programmée... et insatisfaisante pour les partenaires.

Selon Berne, tous les jeux se déroulent en six phases successives. Il en a tiré une formule simple qui en décrit l'articulation :

ATTRAPE-NIGAUD + POINT FAIBLE = RÉPONSE
(Persécuteur) (Victime) (Sauveteur)

→ COUP DE THÉÂTRE (Persécuteur) → MOMENT DE CONFUSION (Changement de rôles) → BÉNÉFICE NÉGATIF (Victimes)

En abrégé, cette formule s'exprime ainsi :

AN + PF = R → CT → MC → BN

Éclairons-la avec un exemple :

ATTRAPE-NIGAUD (Persécuteur) :	Une auto-stoppeuse aguichante lève le pouce sur le bord de la route...
+	
POINT FAIBLE (Victime) :	Un automobiliste l'aperçoit et en s'approchant... imagine déjà une aventure...
=	
RÉPONSE (Sauveteur) :	Il s'arrête près d'elle et l'invite aimablement à monter à bord...
↓	
COUP DE THÉÂTRE (Persécuteur)	Soudain, surgit d'un buisson le copain de l'auto-stoppeuse...
↓	
MOMENT DE CONFUSION (Changement de rôles)	L'automobiliste est stupéfait !... Les deux auto-stoppeurs guettent sa réaction...
↓	

BÉNÉFICE NÉGATIF (Victimes)	L'automobiliste se rend compte qu'il « s'est fait avoir ». Furieux, il redémarre en laissant le couple dépité, sur le bord de la route !

(Voir illustration de cet exemple page suivante)

LE JEU PSYCHOLOGIQUE (ARTICULATION SELON LA FORMULE D'ÉRIC BERNE)

3e JALON
DES JEUX AU QUOTIDIEN

Nous disions plus haut que Berne avait recensé plusieurs dizaines de jeux psychologiques. Nous vous proposons ici la description de dix jeux parmi les plus répandus, que nous pouvons voir autour de nous quotidiennement.

Nous vous présentons chacun d'eux, avec l'appellation que leur a donné Berne et condensé en deux images (*amorce du jeu* et *bénéfice négatif final).*

1. Oui, mais

(dont nous avons déjà donné un exemple plus haut.)

But de ce jeu : Démontrer que je ne peux apporter aucune solution au problème dont je suis victime, quitte à exaspérer mon interlocuteur.

Exemple : Deux amis font du vélo ensemble. L'un des deux, obèse, réfute tous les conseils alimentaires de l'autre. Jusqu'à casser sa machine sous son poids et s'affaler sur la route, pour prouver son incapacité… et celle de son copain à donner une bonne solution !

LES JEUX PSYCHOLOGIQUES
(OUI, MAIS)
1. amorce du jeu

LES JEUX PSYCHOLOGIQUES
(OUI, MAIS)
2. bénéfice négatif final

2. Sans toi

But de ce jeu: accuser l'autre de mes propres échecs.

Exemple: Une épouse reproche constamment à son mari jaloux de l'empêcher de rencontrer des gens. En réalité, cette jalousie lui convient tout à fait, car elle a peur de sortir et... n'est bien que chez elle, devant sa télévision.

LES JEUX PSYCHOLOGIQUES
(SANS TOI)
1. amorce du jeu

LES JEUX PSYCHOLOGIQUES
(SANS TOI)
2. bénéfice négatif final

3. Battez-vous

But du jeu: Charger les autres de mes responsabilités – en l'occurrence de donner mon opinion – et provoquer conflits et affrontements.

Exemple: Dans une entreprise, le comptable dit à l'hôtesse d'accueil que le chef des ventes (qu'elle déteste) dénigre sa tenue vestimentaire. Furieuse, l'hôtesse fonce dans le bureau du chef des ventes... très étonné de se faire molester !

LES JEUX PSYCHOLOGIQUES
(BATTEZ-VOUS)
1. amorce du jeu

LES JEUX PSYCHOLOGIQUES
(BATTEZ-VOUS)
2. bénéfice négatif final

4. Schlemazl

But du jeu : pouvoir pardonner à quelqu'un la faute… que je lui fais commettre.

Exemple : au restaurant, un client attablé fait un croche-pied au serveur qui s'affale sur lui avec son plat de spaghettis en bredouillant des excuses. Le dîneur, indulgent, minimise l'incident et a le plaisir de pardonner au maladroit !

LES JEUX PSYCHOLOGIQUES
(SCHLEMAZL)
1. amorce du jeu

LES JEUX PSYCHOLOGIQUES
(SCHLEMAZL)
2. bénéfice négatif final

5. Schlemiel

But de ce jeu : je provoque un dommage à quelqu'un… pour en obtenir ensuite le pardon.

Exemple : Cette mère aime attirer l'attention, et son fils, espiègle, a de qui tenir. Lorsque leur paisible voisin passe devant chez eux, la première n'hésite pas à faire tomber un pot de fleurs du premier étage, et le second à balancer une peau de banane. Résultat : la victime doublement neutralisée, se répand sur le sol… et en absolutions !

LES JEUX PSYCHOLOGIQUES
(SCHLEMIEL)
1. amorce du jeu

LES JEUX PSYCHOLOGIQUES
(SCHLEMIEL)
2. bénéfice négatif final

6. Alcoolique

But de ce jeu: je contracte un grave défaut pour en subir ensuite les conséquences, me punir moi-même... et être pris en charge.

Exemple: avec la complicité du cafetier – qui y trouve son compte – cet ivrogne s'enivre en permanence et promet chaque jour de s'arrêter. De « cuites en gueules de bois », il se rend ainsi de plus en plus malade, perd l'estime de lui-même et de son conjoint. À travers ce jeu dangereux à triple effet (autoagression/autopunition/provocation) il défie son entourage de le secourir (« devinez pourquoi je bois et soignez-moi, si vous en êtes capable ! »).

LES JEUX PSYCHOLOGIQUES
(ALCOOLIQUE)
1. amorce du jeu

LES JEUX PSYCHOLOGIQUES
(ALCOOLIQUE)
2. bénéfice négatif final

7. Regarde ce que tu m'as fais faire!

But de ce jeu: solliciter une aide puis la reprocher ensuite à mon sauveteur.

Exemple: un peintre en bâtiment juché sur une échelle demande à un promeneur de lui passer son pot de peinture posé sur le sol. Le passant serviable s'exécute quand soudain l'échelle de l'ouvrier, déséquilibrée par la manœuvre, se dérobe. Ce dernier, agrippé au balcon, agonit de reproches le passant stupéfait… et culpabilisé !

LES JEUX PSYCHOLOGIQUES
(REGARDE CE QUE TU M'AS FAIT FAIRE !)
1. amorce du jeu

LES JEUX PSYCHOLOGIQUES
(REGARDE CE QUE TU M'AS FAIT FAIRE !)
2. bénéfice négatif final

8. Stupide

But de ce jeu : plus je donne l'impression d'être infantile et bête, moins je risque d'être… embêté !

Exemple : Ce client essaye un costume manifestement trop juste. En demandant un modèle encore plus petit, il cherche à passer pour un imbécile – manœuvre qui réussit très bien – et il déstabilise en même temps le vendeur… qui ne risque pas de lui présenter une gamme plus chère ! À moins que ce dernier, qui peut penser que le client se moque de lui… ne se mette en colère. Le risque des jeux !

LES JEUX PSYCHOLOGIQUES
(STUPIDE)
1. amorce du jeu

LES JEUX PSYCHOLOGIQUES
(STUPIDE)
2. bénéfice négatif final

9. Donnez-moi des coups de pied !

But de ce jeu : me mettre en situation fautive pour être mal jugé et me lamenter ensuite sur mon sort.

Exemple : un jeune homme accepte l'invitation de son copain pour jouer au football le lendemain et s'engage même à apporter le ballon. Comme promis, il se présente sur le stade en tenue adéquate… mais avec un ballon de rugby. Les joueurs sont ébahis et furieux d'une telle étourderie. Lui est honteux, se « conforte » dans son rôle d'habituelle victime… et leur en veut de tant de méchanceté à son égard !

LES JEUX PSYCHOLOGIQUES
(DONNEZ-MOI DES COUPS DE PIED !)
1. amorce du jeu

LES JEUX PSYCHOLOGIQUES
(DONNEZ-MOI DES COUPS DE PIED !)
2. bénéfice négatif final

10. Maintenant je tiens, salaud !

But de ce jeu : bien préparer mon coup pour surprendre quelqu'un en faute indiscutable, et l'obliger à reconnaître ses torts... et ma supériorité.

Exemple : ce client surgit chez un marchand de téléviseurs pour lui faire confirmer son argumentaire de vente, à savoir que sa marque réputée ne présente aucun danger d'implosion. Puis, cette assurance obtenue, il déballe soudain un téléviseur de cette marque, éventré, qui a manifestement implosé... et confond ainsi triomphalement le vendeur sans défense.

LES JEUX PSYCHOLOGIQUES
(MAINTENANT JE TE TIENS, SALAUD!)
1. amorce du jeu

LES JEUX PSYCHOLOGIQUES
(MAINTENANT JE TE TIENS, SALAUD !)
2. bénéfice négatif final

TERME DU PARCOURS
JEUX DANGEREUX

C'était décidé ! Vous ne vouliez plus revoir vos amis les Duplantin, trop manipulateurs à vos yeux. Chaque soirée avec eux ne vous donne-t-elle pas l'impression curieuse de vous « être fait avoir » ? Mais vous savez maintenant, après la découverte et l'étude des dix jeux du 3e jalon, que ces amis sont effectivement des « joueurs », et pourquoi ils jouent. Alors, rassurez-vous… tout n'est pas perdu !

Nous passons plus de 80 % de notre temps dans des jeux psychologiques, affirme Berne. Donc, soyez vous-même… beau joueur ! Reconnaissez que ces petits moments d'agacement ne sont pas très graves, du moins la plupart de ceux que nous venons de décrire. Quoique…

L'analyse transactionnelle, qui aime bien tout répertorier, vous l'avez remarqué, classe les jeux psychologiques en trois degrés d'intensité. Ainsi vos joutes verbales avec les Duplantin sont des jeux du 1er degré, sans implications importantes.

Mais imaginez que ces mêmes Duplantin, qui vous ont demandé un simple avis pour l'achat de leur appartement, vous reprochent soudain avec véhémence des les avoir très mal conseillés ! Là, tout change : le ton monte, et, sidérés, écœurés, révoltés même, vous partez de chez eux, en claquant la porte ! (jeu des Duplantin : *Regarde ce que tu m'as fait faire !,* jeu n° 7). C'est clair, nous sommes au 2e degré !

Et imaginez encore que, animé par quelque esprit de revanche, vous appreniez perfidement à cet impétueux Duplantin que Belœil courtise sa femme. Madame Duplantin peut ainsi être amenée, de votre fait, à passer un mauvais quart d'heure, et Belœil se retrouver, au mieux, avec quelques dents cassées, et, au pire, à l'hôpital ! Nous voici, qui l'eût cru, au 3e degré !

Comment arrêter un jeu ? Il est toujours difficile de faire remarquer à un interlocuteur qu'il « joue ». Il risque de se cabrer et – l'habitude inconsciente aidant – de surenchérir sans le vouloir avec un autre jeu !

Les signes de reconnaissance positifs ont ici une importance particulière. Ne convient-il pour vous, sans devenir moraliste, de faire le point avec les Duplantin ? Si, fort de votre estime réciproque, vous savez leur montrer que c'est le bon sens qui, avec l'amitié, est à même de *dominer le jeu* (*ou les jeux*), ils devraient, revenus dans leur Adulte, vous payer de retour. Et ne leur en voulez pas, ou plus !

Car au vrai, que demandons-nous tous, souvent mal, et précisément en amorçant quelque stratagème dans notre relation aux autres ? Encore et toujours à *nous reconnaître* et à *être reconnu*, dans et par le regard de l'autre. Nous souhaitons *être aimés*, tout simplement !

« Il n'y a pas de méchants, il n'y a que des souffrants ! » dit, avec juste raison, l'écrivain Milan Kundera.

FEUILLE DE ROUTE N° 17

VOS JEUX PSYCHOLOGIQUES

Comment, à votre avis, stopper le jeu décrit ci-dessous (variante du jeu n° 10, *Maintenant, je te tiens salaud !,* sur le même thème). Mettez-vous à la place du vendeur et imaginez un nouveau dialogue, avec obtention finale d'un « bénéfice positif » cette fois, pour les deux protagonistes.

	Déroulement du jeu selon la formule de Berne	Nouveau dialogue
A	1) L'acheteur éventuel d'un récepteur de télévision au vendeur : « Mon téléviseur vient de rendre l'âme. Votre Turbocolor est-il vraiment supérieur aux autres ? »	....
PF	2) Le vendeur se dit : « Je dois absolument lui vendre un Turbocolor ! »	....
R	3) Le vendeur : « Cher Monsieur, le Turbocolor, unique en son genre, donne non seulement 30 programmes en couleurs, mais aussi en relief ! »	....
CT	4) « C'est vrai, je le sais, et c'est d'ailleurs pour ça qu'il explose ! Il y a déjà eu deux accidents dans mon immeuble avec des Turbocolor ! »	....
MC	5) Le vendeur est stupéfait. Le client savoure son effet.	....
BN	6) Le client s'en va en ricanant (il n'achète rien). Le vendeur se dit « il m'a bien eu » (il ne vend rien).	....
	BÉNÉFICE NÉGATIF	**BÉNÉFICE POSITIF**

HUITIÈME ÉTAPE

À CHACUN SON POINT DE VUE

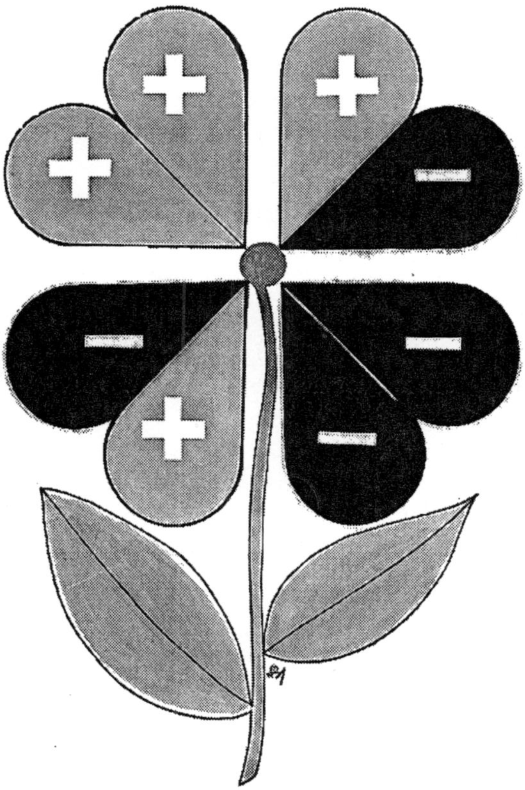

LES POSITIONS DE VIE

« La vie est l'adaptation continue de relations internes à des relations externes. »

HERBERT SPENCER.

Profil du parcours
Moi et le monde

Très tôt dans notre petite enfance, nous avons appris à différencier plaisir et souffrance, amour et haine, bien et mal.

Parce que exister c'est exposer nos états du Moi au monde et entrer en relation avec ceux d'autrui. La famille puis l'école nous ont ainsi conduit à observer notre environnement humain et à le juger, favorablement ou non, par rapport à nous-même.

Cette première expérience de jugement aura une influence considérable sur nos prises de position ultérieures. À tel point, qu'aujourd'hui encore, sans en être toujours conscients, nous renforçons nos images précoces « emmagasinées », en appréhendant les autres, dans nos rapports, qu'ils soient personnels ou professionnels, sur le plan compétitif.

« Je l'aime », « je le déteste », « ils sont plus forts que moi », « elles sont moins bonnes que moi », « ils ont raison », « elle a tort », « avec eux, je suis gagnant », « dans cette relation, je suis perdante », sont autant d'« opinions-réflexes » qui déterminent notre comportement au quotidien, et par là, nous « positionnent » devant les événements.

Franklin H. Ernst, autre psychologue, membre de l'équipe de Berne, distingue quatre façons de concevoir notre rapport aux autres, concept qu'il a apporté à l'A.T. et nommé les POSITIONS DE VIE. Généralement, avant l'âge de six ans, nous privilégions l'une d'elles, qui nous sert de référence ensuite.

Selon que nous sommes en accord avec nous-mêmes et les autres, ou non, quatre options de « vision du monde » s'offrent à nous. Ernst les a symbolisées avec les signes mathématiques « + » et « - », eux-mêmes combinés avec l'expression O.K. (abréviation de *oll korrect,* altération de l'américain *all correct,* signifiant « d'accord, bien, c'est entendu, valable »).

Ce qui donne :

1. Je suis « OK+ », vous êtes « OK+ » : je suis valable, vous aussi.

2. Je suis «OK+», vous êtes «OK-»: je suis valable, vous non.

3. Je suis «OK-», vous êtes «OK+»: je ne suis pas valable, vous si.

4. Je suis «OK-», vous êtes «OK-»: je ne suis pas valable, vous non plus.

Ces quatre positions de vie sont classiquement représentées dans le quadrangle ci-dessous:

JE SUIS OK+ VOUS ÊTES OK+ (J'emploie mon temps)	JE SUIS OK+ VOUS ÊTES OK- (Je «tue» le temps)
JE SUIS OK- VOUS ÊTES OK- (Je perds mon temps)	JE SUIS OK- VOUS ÊTES OK + (Je passe le temps)

Les positions de vie

Il est à remarquer que si nous avons une *position de vie préférentielle,* nous pouvons néanmoins en changer suivant notre humeur, également suivant les circonstances (personnes, lieux, durée, etc.). Chaque position est ainsi en relation étroite avec une forme correspondante et ressentie d'«occupation du temps», que nous avons mentionnée sur le schéma. Une position de vie est donc toujours à considérer «ici et maintenant». Examinons chacune d'elles.

1er Jalon
Je suis OK+, Vous êtes OK+

«Je suis quelqu'un de bien, les autres sont aussi des gens bien!»

Le fondateur de l'A.T. pense que nous venons au monde avec ce principe, communiqué intuitivement par notre Petit Professeur. «Nous naissons princes ou princesses, ce sont nos parents et notre entourage qui nous transforment en crapauds!» dit-il.

Celui ou celle qui a été un enfant attendu, accepté, aimé, et a reçu des signes de reconnaissance positifs, demeure un «prince» durant toute son existence et considère les autres comme ses égaux. C'était l'opinion de Berne quand il a conçu l'A.T., et il l'a défendue toute sa vie. Notons que ce n'est pas celle de certains de ses disciples qui pensent pour leur part que l'on peut naître aussi «crapauds».

Nous n'entrerons pas ici dans cette querelle d'experts, en choisissant de rester dans la ligne bernienne résolument optimiste, comme veut l'être son modèle de communication!

«OK+, OK+»: ainsi «positionné», vous êtes bien dans votre peau. Vous avez confiance en vous. Vous vous efforcez de bien écouter et vous êtes ouvert, tolérant, au sens de bienveillant, d'indulgent. Vous voulez comprendre, décider, agir *avec* les autres, et non *contre* eux.

Ces dispositions d'esprit positives favoriseront vos négociations si vous êtes vendeur. Elles vous feront accepter que votre collègue n'ait pas vos idées politiques. Elles vous permettront de mieux analyser les qualités de votre équipe et celles de vos adversaires si vous êtes entraîneur sportif. Vous entendrez mieux ainsi les motivations de votre fils qui veut devenir comédien et non expert-comptable... comme vous le souhaitiez!

LES POSITIONS DE VIE
(JE SUIS OK+, VOUS ÊTES OK+)

2e Jalon
Je suis OK+, Vous êtes OK-

Lorsqu'elle se manifeste en quasi-permanence, cette position de vie traduit souvent le résultat d'une enfance difficile, dominée par des parents autoritaires, brutaux et peu gratifiants. Le souvenir de cette période, vécue comme une injustice, incite précocement l'intéressé à en déduire à propos des autres: «Je suis mieux que vous, vous ne valez rien!»

Après l'adolescence de l'intéressé, apparaît un adulte, qui veut – dans cette position «OK+, OK-» – soit se venger en opprimant les autres à son tour, soit à la moindre occasion aider à toute force son entourage (qu'il n'apprécie guère de fait, mais qui lui permet, par le biais de la sollicitude, de s'imposer avec bonne conscience!).

Dans les deux cas, il s'agit bien entendu pour lui d'être reconnu en recevant des stimulations, respectivement négatives et positives.

Vous connaissez bien ce type de personnage:

C'est le «petit chef», dans une entreprise ou une administration, qui «tyrannise» son service en bloquant toute initiative ne venant pas de lui, fait de la rétention d'information pour garder le pouvoir, prédit toujours ennuis et catastrophes si ses consignes ne sont pas suivies. Et qui, bien entendu, refuse pour d'obscures raisons… que vous partiez en congé au mois d'août!

C'est encore l'accompagnatrice de voyage organisé qui vous infantilise littéralement pendant quinze jours, en vous interdisant à tout moment de vous écarter du groupe, ne serait-ce que pour apprécier le détail d'une statue dans un musée, ou même pour prendre une photo insolite! Puis qui s'agite avec beaucoup d'importance à l'aéroport, pour retrouver votre valise égarée… et obtenir toute votre gratitude!

LES POSITIONS DE VIE
(JE SUIS OK+, VOUS ÊTES OK-)

3e Jalon
Je suis OK-, Vous êtes OK+

Cette position de vie trouve généralement son origine dans :

– une enfance modélisée et surprotégée ;

– une propension parentale aux stimulations conditionnelles négatives ;

– ou encore le vécu d'une fratrie persécutrice (par jalousie notamment).

Certains frères ou sœurs aînés s'y entendent en effet pour mener la vie dure aux cadets ! À leur décharge, ne se sentent-ils pas trahis ? N'avaient-ils pas cru qu'ils resteraient l'enfant unique, aimé sans partage ? !

De la sorte, pour le sujet « OK-, OK+ », le résultat de ces premières années (dominées par le savoir-faire des parents – jugé parfois inégalable – ou ladite « pression » de la fratrie) se concrétise souvent plus tard par une solide et triste croyance : « Je ne vaux rien puisqu'il faut toujours m'assister, donc les autres sont mieux que moi ! » Sa persistance peut induire des vies sans relief – ni ambition, ni relation – et finalement sans joie.

De ce fonctionnaire qui ne veut surtout pas de responsabilités et « s'arrange » pour rater tous les concours internes susceptibles de lui offrir une promotion, à cette secrétaire qui redoute une possible intimité et décline à longueur d'année toute invitation masculine. De ce célibataire endurci, informaticien programmeur dans la journée et « internaute » le soir chez lui, pour ne pas sortir, à cette bibliothécaire qui vit chez ses vieux parents et s'y consacre entièrement depuis son enfance.

Ces solitaires résolus, réfugiés dans leur Enfant Adapté Soumis (qui pensent précisément à tort que *tranquillité = solitude*), font par définition les beaux jours de leur hiérarchie professionnelle. Ne sont-ils pas, une carrière durant, et sans protestation aucune, le fidèle exécutant ?

LES POSITIONS DE VIE
(JE SUIS OK-, VOUS ÊTES OK+)

4e JALON
Je suis OK-, Vous êtes OK-

À n'en pas douter, cette position de vie ne peut prendre sa source que dans un milieu parental, ou substitutif, très menaçant, voire – et c'est aussi grave – indifférent.

L'enfant n'y a reçu que des *stimulations inconditionnelles négatives,* autrement dit, il n'y a été ni aimé, ni reconnu, tel que tout humain aspire à l'être. Son développement affectif est ainsi compromis, à l'image d'une plante verte non arrosée.

On peut donc comprendre les sentiments négatifs et résignés de l'adulte issu d'une semblable tragédie précoce, tout comme son approche autodestructrice du type : « Je ne vaux vraiment rien puisque je ne vous intéresse pas, mais vous non plus, tout compte fait, vous ne valez vraiment rien ! »

Il n'est pas étonnant que la vie d'une personne ainsi frustrée puisse devenir un défi permanent aux institutions en place, et qu'elle cherche par tous les moyens à fuir la société.

Elle est bien évidemment en danger puisque, dans le cas précis de cette position de vie « OK-, OK- », en perdant l'estime des autres, elle perd sa propre estime. Ce renoncement au respect d'elle-même et à son autoprotection la conduit aux négligences de toutes sortes : elle peut se détruire par des excès alimentaires, aussi bien la boulimie que l'alcoolisme.

Ce désengagement personnel et social et, en vérité, cette « incapacité au bonheur » sont à même d'amener progressivement la victime à une perte de contrôle. On peut la retrouver clochard, à l'hôpital psychiatrique ou en prison. Au pire, à la morgue qui met un terme à une histoire sans amour.

LES POSITIONS DE VIE
(JE SUIS OK-, VOUS ÊTES OK-)

TERME DU PARCOURS
QUI PEUT LE +, PEUT LE - !

– Suis-je aimé des autres ?

– Les autres méritent-ils mon amour ?

De notre réponse à ces questions primordiales dépend notre choix de position existentielle : *communion* (+/+), *domination* (+/-), *soumission* (-/+) ou *rejet* (-/-).

Sauf cas vraiment extrême, nous ne vivons pas constamment sur notre position de base, nous l'avons dit. Selon les événements, mais aussi notre humeur au cours de la semaine, ou de la journée même, il nous arrive d'alterner les lunettes noires et roses pour regarder la vie !

Ce lundi matin, vous vous réveillez encore en retard. Vous passez en vitesse sous la douche, quand soudain... zut !... coupure d'eau. « Ils pourraient tout de même prévenir, je paie assez de charges dans cet immeuble ! » ronchonnez-vous *(je suis OK+, ils sont OK-)*. Vous sautez dans votre voiture, slalomez dans les embouteillages puis arrivez au bureau, inquiet, essoufflé, mal rasé et du savon dans les yeux.

Le lendemain, votre patron, un intimidant personnage, modèle d'intelligence et de ponctualité, vous convoque pour vous reprocher vos arrivées tardives *(je suis OK-, il est OK+)*.

Qui vous a dénoncé ? Une secrétaire, la facturière, le coursier ? Vraiment les gens ne valent pas cher ! Vous êtes vexé, amer, « en pétard » contre vous-même et vos collègues. D'ailleurs, vous boudez pendant trois jours *(je suis OK-, ils sont OK-)*.

Enfin, vient la joyeuse sortie cycliste du dimanche matin avec les copains. Eux au moins vous estiment : la preuve, à votre heureuse surprise, ils vous souhaitent votre fête en pédalant. C'est sympa, non ? *(je suis OK+, ils sont OK+)*.

Frank Ernst, psychologue précité, propose le graphique ci-après pour visualiser nos positions de vie.

En reprenant les phases de l'exemple précédent, il m'est loisible de disposer dans le quadrangle mes propres positions de vie, c'est-à-dire mes états d'âme, au fur et à mesure de leur irruption. La partie grisée la plus importante de l'ovale central y indique ma position de vie privilégiée, dans la situation considérée.

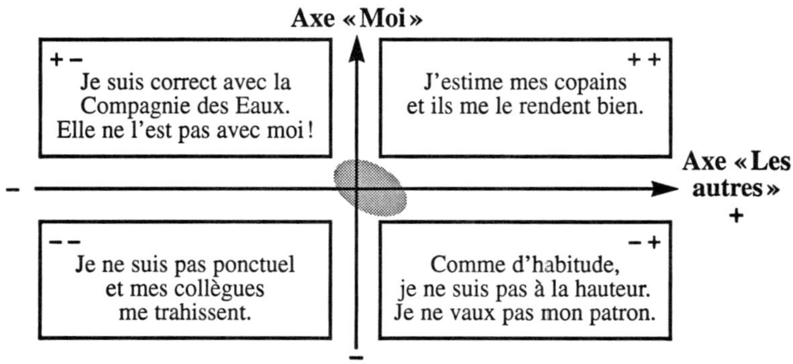

Visualisation séquentielle des positions de vie

La grille des positions de vie, par son pragmatisme et sa facilité d'utilisation, constitue l'un des outils les plus pertinents de l'analyse transactionnelle.

Ses combinaisons, immédiatement parlantes, montrent bien que chacun de nous peut se permettre, en fonction des aléas de l'existence, de ne pas être « OK+ » tous les jours, avec soi et les autres.

Elles nous indiquent aussi qu'en situation stressante, fût-ce des suites d'une banale coupure d'eau, la position de vie préférentielle peut toutefois… refaire surface !

FEUILLE DE ROUTE N° 18

VOS POSITIONS DE VIE

1. Rapportez en quelques mots, dans les cadres ci-dessous, quatre événements de votre vie qui, lors d'une période donnée, ont justifié les quatre positions de vie indiquées.

2. Proportionnez graphiquement ensuite ces quatre positions de vie au centre du diagramme, en traçant l'ovale correspondant (selon modèle page précédente).

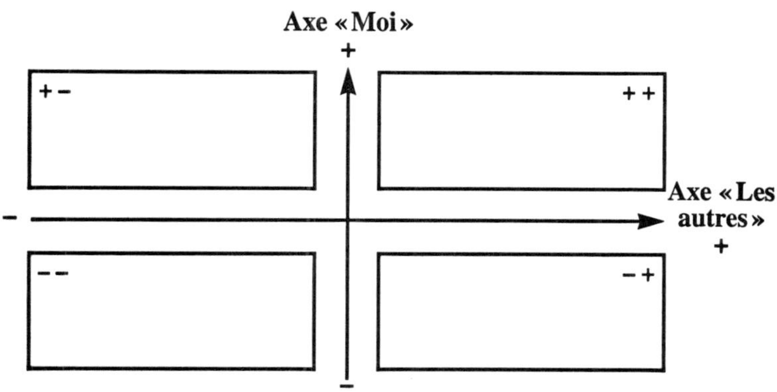

Votre position de vie dominante : OK.../OK...

Date :..................

NEUVIÈME ÉTAPE

JE T'AIME, UN PEU, BEAUCOUP, PASSIONNÉMENT... !

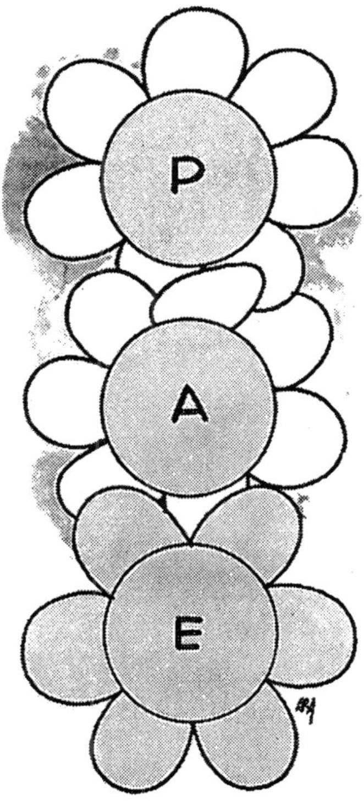

LES SENTIMENTS

« Si c'est la raison qui fait l'homme,
c'est le sentiment qui le conduit. »
JEAN-JACQUES ROUSSEAU.

PROFIL DU PARCOURS ÉMOTIONS ET SENTIMENTS

Être ivre de *joie*, blanc de *colère*, vert de *peur* ou dans une *tristesse* noire : autant d'expressions françaises qui indiquent que nos quatre émotions de base constituent notre réponse organique aux stimuli, internes ou externes.

Contrairement à la tendance à l'amalgame du langage populaire, l'analyse transactionnelle ne confond pas les *émotions,* qui sont de fait *physiologiques,* avec leurs dérivés multiples, à savoir *les sentiments.* Ces derniers sont, quant à eux, davantage le reflet visible et versatile de nos multiples *dispositions d'esprit.* De l'enthousiasme à la rancœur, de la sérénité à l'amertume, de la jalousie à la fierté, longue est la liste. Berne dit qu'aux différentes époques de notre vie, nous affichons véritablement nos sentiments, comme si nous les portions telle une publicité sur un tee-shirt, avec un slogan positif devant, un négatif derrière.

Les émotions sont précieuses en tant que véritables « palpeurs » de notre environnement. La *peur* nous en signale les dangers, la *colère* nous permet de lui résister, la *joie* de nous y ouvrir, la *tristesse* de nous en séparer.

Les sentiments, par définition, rapporteurs de nos états d'âme, ont eux plus d'un tour dans leur sac… qu'ils nous jouent sans vergogne, nous allons le constater ci-après. Les « transactionnalistes » praticiens – dont l'Américaine Fanita English et le Belge Raymond Hostie –, infatigables observateurs de nos comportements, n'ont pas manqué de repérer ces singulières fantaisies des sentiments. Ils les ont classées en trois catégories, puis étiquetées de façon pittoresque, à la manière de Berne.

LES ÉMOTIONS
(LA JOIE)

LES ÉMOTIONS
(LA PEUR)

LES ÉMOTIONS
(LA COLÈRE)

LES ÉMOTIONS
(LA TRISTESSE)

Que nos sentiments se travestissent, et ils deviennent « parasites » de nos émotions. Qu'ils se cachent pendant des années, ils resurgissent sous forme d'« élastiques ». Qu'ils s'accumulent, et ils se transforment en « collections de timbres ». Comme c'est bizarre ! Vous avez dit « bizarre » ?

Voyons cela de plus près !

1er Jalon
Les sentiments « parasites » (ou racket)

Nous sommes entourés de gens bougons, insatisfaits, autant dire *jamais contents* – quelle que soit la situation ou quoi que l'on fasse pour eux – qui, de toute façon, en demandent toujours plus pour pérenniser leur irritation... et celle des autres par la même occasion !

Curieusement, beaucoup n'ont la plupart du temps aucune raison particulière pour maugréer : ils sont en réalité prisonniers d'un sentiment « fabriqué » dans leur petite enfance. En l'occurrence, une *colère inappropriée* qui vient brouiller leurs émotions réelles.

S'il existe des familles « marchands de bonheur » qui savent communiquer leur joie alentour, il y a aussi fâcheusement des familles « bonnet de nuit », où il est de mise d'être triste en permanence, voire de se plaindre pour obtenir la commisération d'autrui, et où l'on subit l'existence : « Chez ces gens-là, on ne vit pas, monsieur... », dit Jacques Brel dans l'une de ses chansons.

Par modelage d'une maman maussade, souvent larmoyante, et d'un papa aux petits soins pour elle, leur bébé intériorise un sentiment « appris » de mauvaise humeur qu'il saura utiliser en grandissant... avec bénéfices. D'abord, il pleurera à chaque promenade pour être porté et le soir pour être câliné. Trente ans plus tard, il sera le rabat-joie de toutes les réunions amicales, avec l'objectif de « casser l'ambiance » pour pouvoir rentrer se coucher tôt ! Nous assistons ici à une véritable entreprise de manipulation : à la manière d'un malfaiteur qui exerce un chantage sur sa victime (d'où l'appellation « racket » évoquant la pratique mafieuse des gangsters américains d'avant-guerre), la personne opère une pression sur son entourage, dictée par son *sentiment inadapté.*

Ce dernier peut aussi, à l'inverse, se manifester de façon « rentrée ». Quelques exemples :

Le précepte parental « un garçon, ça ne pleure pas », entretenu pendant l'enfance, imposera à cet homme de se montrer insensible et de garder l'œil sec à l'enterrement de sa vieille mère, alors qu'il éprouve un profond chagrin.

La formule « fais un sourire à Maman », mille fois répétée à un gamin, en fera un être aimable à l'excès, en toute circonstance… même quand il n'en a pas envie. Tel cet automobiliste – qu'un autre en tort vient d'emboutir – qui masque une colère justifiée par un air ravi ! (voir l'illustration en deux temps du mécanisme de ces sentiments de remplacement).

Autre cas de « rétention sentimentale » : cette femme a reçu une éducation très fermée et nourrit depuis des sentiments de honte au plan sexuel ; devenue actrice de théâtre, elle refuse les avances d'un metteur en scène qui, un mauvais jour, la congédie en pleine répétition ; elle retient sans le savoir une légitime et violente colère, qu'elle n'exprime donc pas, pour finalement s'enfuir en larmes, au comble de la tristesse, vivement angoissée et culpabilisée.

À noter que le processus de ces sentiments substitutifs est très favorisé dans les pays latins, où, nous le savons, l'expression des émotions authentiques est toujours mal acceptée.

Rappelez-vous donc la tête des dîneurs aux tables voisines, lors de votre dernier fou rire au restaurant !

LES SENTIMENTS « PARASITES » (OU « RACKET »)
1er temps

LES SENTIMENTS « PARASITES » (OU « RACKET »)
2ᵉ temps

2e Jalon
Les sentiments «élastiques»

Étirez un élastique entre vos mains. Lâchez brusquement l'un des bouts : il se rétracte et vous cingle les doigts.

Vivez, ici et maintenant, un événement qui actualise à votre insu un souvenir, même lointain : il vous revient de plein fouet, sous la forme d'un sentiment inattendu et inexpliqué.

D'où le nom de sentiment «élastique».

AILLEURS ET AUTREFOIS	Quand j'étais petit, le manège du parc municipal me terrifiait : mes parents riaient de ma peur et m'installaient toujours de force dans l'avion dont les soubresauts me donnaient le vertige.
ICI ET MAINTENANT	J'ai horreur de prendre l'avion : j'y éprouve toujours l'impression pénible d'un «déjà vécu» dramatique auquel *je me sens confusément rattaché* et qui alimente mon appréhension actuelle.

Cette fin d'après-midi de vacances, vous somnolez béatement au soleil sur la plage lorsqu'un parfum troublant alerte vos narines. Vous levez la tête et vous respirez plus fort pour mieux retrouver la senteur en suspension. Vous êtes tout à fait réveillé maintenant. Il n'y a pas de doute, cela vous «dit quelque chose» ! Et soudain, vous éprouvez une curieuse sensation de lassitude, une vague nausée aussi.

Que se passe-t-il ?

Il vous faudra toute la soirée pour vous rappeler enfin : il y a plus de vingt ans, mais oui, vous étiez opéré de l'appendicite !

C'est bien cette même fragrance de patchouli qui flottait dans la chambre. C'est bien cette même fatigue que vous ressentiez. Maintenant, vous revoyez l'infirmière penchée sur vous lors de votre réveil pénible et «pâteux». Une bien jolie femme, et si agréablement parfumée !

Une telle réminiscence n'est pas très gênante en soi, au contraire !

Plus nocifs sont les souvenirs dont l'irruption répétée entretient, par exemple, des troubles à type d'anxiété. Si chez vous après le travail, vous sursautez à chaque fois que le téléphone sonne et avez la gorge serrée, il convient – comme on dit dans le jargon de l'A.T. – de «décrocher l'élastique» probablement en cause, c'est-à-dire :

– d'*identifier* la raison de votre émoi ;

– de *vous donner la permission* de vous en libérer.

N'est-il pas temps, en effet, d'évacuer cette vieille rancœur contre votre chef de service, aujourd'hui retraité, qui prenait un plaisir manifeste à vous téléphoner sans arrêt pour vous interroger sur tous les dossiers en cours, avec pour objectif – vous le ressentiez ainsi – de vous mettre en difficulté et les nerfs en pelote. À votre Adulte de jouer... pour classer définitivement ces dossiers et reprendre, avec votre souffle, le contrôle de la situation présente !

LES SENTIMENTS « ÉLASTIQUES »

1. ailleurs et autrefois

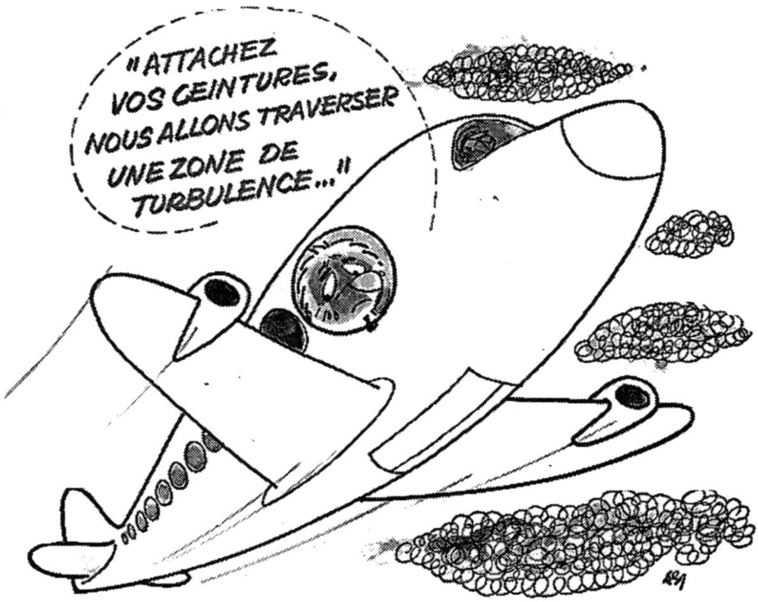

LES SENTIMENTS « ÉLASTIQUES »

2. ici et maintenant

3e JALON
LES SENTIMENTS « CADEAUX »

Frustrations, vexations, déceptions, dévalorisations, humiliations, le répertoire est étendu de tous ces ressentis autodépréciatifs en « ions », que peuvent générer nos divers échanges, privés ou professionnels. Ils sont souvent à même d'installer en nous un pénible *sentiment de culpabilité*, et un beau jour... de déclencher une réaction (certes salutaire) de rébellion !

Quand ils ne réapparaissent pas rapidement, les sentiments de rancœur non exprimée sont enfouis et accumulés, c'est-à-dire « stockés », pour constituer de véritables « collections », enrichies au fil des jours.

À l'image des « points de fidélité » des stations-service ou des « timbres-ristourne » des supérettes, collés sur une carte – dont le dixième donne droit à un *cadeau* – les brimades reçues patiemment sont de la même façon additionnées et conservées par le « collectionneur ». Et, coup de tonnerre dans un ciel apparemment serein, elles sont un jour échangées, suivant son propre barème, contre un bienfaisant défoulement, traduisant le brusque « ras-le-bol »... qui ne manque pas de surprendre l'entourage !

Bébé reçoit, dans l'ordre, un baiser d'une personne qui ne lui revient pas, une fessée parce qu'il ne veut pas dormir, une deuxième parce qu'il se découvre dans son lit, un biberon trop chaud, le suivant trop froid, un autre trop tard ; cela fait vraiment beaucoup trop d'injustices dans une même soirée... Et le lendemain, en jouant sur le tapis, il renverse le porte-parapluies avec fracas, pendant que vous téléphonez ! Non mais !

À la fin d'une journée où les élèves l'ont particulièrement chahuté (impolitesses, réponses fantaisistes, fous rires, projectiles dans la classe), le professeur d'école exaspéré inflige à tout le monde une interrogation écrite d'arithmétique... un quart d'heure avant la sortie !

Après huit jours d'incessantes railleries, de blagues douteuses et de gestes déplacés dont elle est victime, aussi bien dans la salle de restaurant qu'en cuisine, la nouvelle et jolie serveuse, excédée, renverse soudain la mayonnaise sur le costume d'un client, envoie balader la patronne et dans la foulée le plat du jour à la tête du chef... puis rend son tablier en plein service !

Suite à vingt ans d'une bien morne vie conjugale, un époux – non seulement traité de tous les noms et mené par le bout du nez, mais qui vient d'apprendre qu'en prime, il est trompé – totalise ses points sur sa carte... d'infidélité. Il claque enfin la porte et retourne chez sa mère... la Légion !

Comment ne pas tomber dans ce piège des « timbres psychologiques » ?

1° en s'efforçant d'identifier ces « sentiments retenus » et collectionnés (qui sont des autostimulations négatives) ;

2° en les verbalisant sur-le-champ à leur destinataire pour les évacuer sainement et clarifier la situation... au lieu d'en constituer dans la durée une douloureuse collection, aussi superbe soit-elle, et de la *liquider* brutalement !

Une mise au point au bon moment, un « coup de gueule » s'il le faut, pour tout dire, un dialogue approprié valent peut-être mieux – quand les choses peuvent s'arranger – qu'un engagement de cinq ans dans la Légion !

À noter qu'Éric Berne sépare les « timbres psychologiques » en deux catégories :

– les *timbres noirs* qui alimentent la collection de ressentiments ci-dessus évoqués, aboutissant à une permission que l'on prend d'autorité ;

– les *timbres dorés* qui, selon le même processus d'accumulation, correspondent chacun à un effort donné, débouchant sur une récompense.

C'est ainsi que la femme du légionnaire – qui doit tout faire chez elle depuis qu'elle vit seule – s'offre un voyage pour s'autogratifier... et se consoler !

LES SENTIMENTS « CADEAUX »
LES TIMBRES NOIRS
1. la collection

LES SENTIMENTS « CADEAUX »
LES TIMBRES NOIRS
2. la liquidation

LES SENTIMENTS « CADEAUX »
LES TIMBRES DORÉS
1. la collection

LES SENTIMENTS « CADEAUX »
LES TIMBRES DORÉS
2. la récompense

Terme du parcours
Libérez vos émotions !

À l'évidence, une harmonieuse communication, avec nous-mêmes et les autres, dépend étroitement de l'utilisation judicieuse de nos émotions et de nos sentiments.

C'est clair, lesdites émotions – en tant que réactions biochimiques au milieu – gèrent spontanément notre vécu sensoriel dans l'« ici et maintenant ».

Alors, entre nous, pourquoi vous empêcheriez-vous de chanter à tue-tête dans votre bain ? ou de pleurer à chaudes larmes devant votre feuilleton télévisé ? et dans l'avion, d'avouer votre « trouille » au moniteur, avant de sauter pour la première fois en parachute ? ou encore d'« engueuler » l'automobiliste qui vous éclabousse copieusement en roulant dans le caniveau ?

Votre Enfant Libre ne demande qu'à se libérer, et il en a souvent besoin !

En revanche, et en résumé, du côté des sentiments, il serait intéressant d'élucider, avec les exemples imaginaires suivants, pourquoi :

– vous ressentez une profonde angoisse à chaque retard de votre conjoint, alors que visiblement vous êtes en colère et lui faites savoir. Votre instituteur ne se mettait-il pas violemment en colère – une attitude qui vous terrorisait mais que vous avez « apprise » de lui – quand vous arriviez en courant dans la cour de l'école après son coup de sifflet ? (sentiment « parasite ») ;

– vous tressaillez pendant plusieurs minutes en éprouvant une grande tristesse lors de chaque mugissement mensuel des sirènes de votre ville ? Un de vos amis n'a-t-il pas été tué dans la rue au début d'un bombardement pendant la dernière guerre ? (sentiment « élastique ») ;

– vous ne répondez plus que par des : « Je note ! », « Je m'en souviendrai ! » aux bêtises habituelles que fait votre copain d'enfance sur votre vélo, de la selle retournée à la sonnette bloquée. Ne lui réservez-vous pas, selon l'expression, « un chien de votre chienne », après sa dernière farce, en l'occurrence, le dégonflage de l'un de vos pneus ? Ne songez-vous pas à carrément dégonfler un pneu de sa voiture pour vous venger en bloc ? (sentiment « cadeau »/timbres noirs).

Berne dit très à propos que les timbres sont noirs quand ils accumulent de la rancune et qu'ils sont dorés quand ils préparent à un plaisir.

C'est-à-dire que – pour être tout de même positif – vous pouvez « évacuer » chaque accès quotidien de mauvaise humeur de votre patron et votre propre « ras-le-bol » journalier qui en découle, en transformant, le week-end venu, vos timbres noirs... en tickets de cinéma. Et il vous est aussi permis de vous accorder des « points-vacances psychologiques » après chaque cours d'anglais... pour vous offrir une semaine de vacances *dorées* à Londres en Eurostar !

Sentiments substitués, masqués, engrangés, transformés... décidément, attention : un sentiment, comme un train, peut en cacher un autre !

FEUILLE DE ROUTE N° 19

VOS ÉMOTIONS ET VOS SENTIMENTS

1. Les sentiments « parasites »

Pensez-vous être « parasité » par un ou des sentiments « inadaptés » ? Si oui, lequel, lesquels ? Dans quelles circonstances ?

....

....

....

....

....

2. Les sentiments « élastiques »

Rappelez-vous l'irruption récente d'un sentiment « ancien » dans votre vie. À quelle occasion s'est-il présenté ? Indiquez vos impressions ?

....

....

....

....

....

3. Les sentiments « cadeaux »

Quel mécanisme vous conduit à commencer une « collection de bons-cadeaux » ? Quelles expressions employez-vous à chaque fois que vous « collez un timbre psychologique » dans votre album ? (par exemple : « Tu ne perds rien pour attendre ! Continue, tu m'intéresses ! »)

....

....

....

....

....

4. Les sentiments positifs et négatifs

Inscrivez sur les tee-shirts, représentés ci-dessous, un slogan positif (recto) et un slogan négatif (verso), vous définissant aux époques indiquées

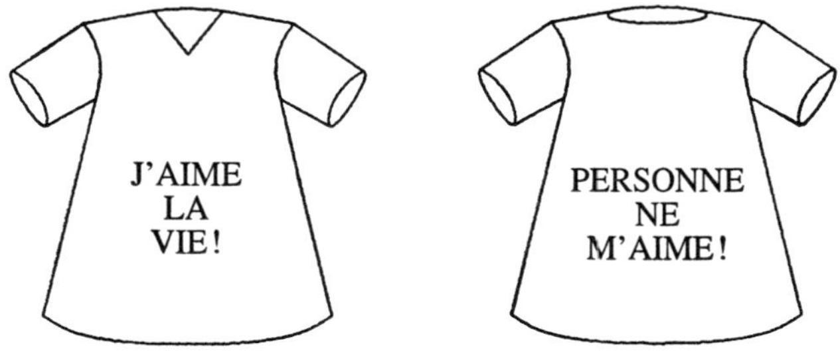

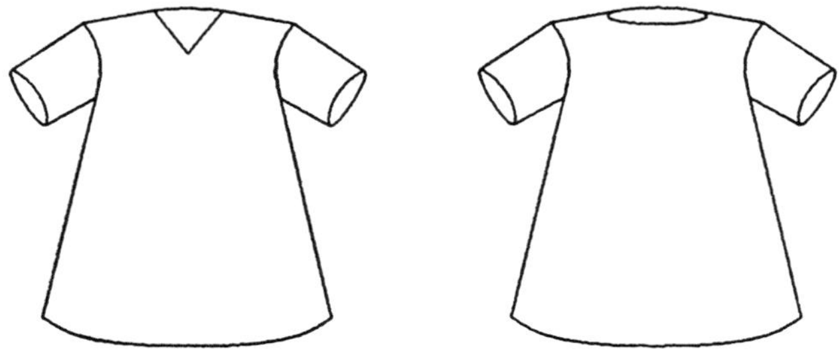

Ailleurs et autrefois

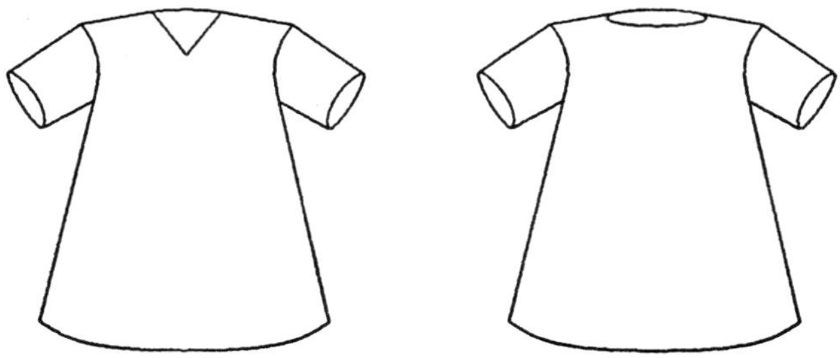

Ici et maintenant

DIXIÈME ÉTAPE

SILENCE ! MOTEUR !... ACTION !

LE SCÉNARIO

« Notre existence quotidienne est un mauvais feuilleton par lequel nous nous laissons envoûter. »
MICHEL BUTOR.

Profil du parcours
« Dallas » ou « Les Feux de l'amour »

Nous sommes ce que nous avons décidé d'être.

Ce postulat est central pour Éric Berne. Il pense – et plusieurs de ses disciples avec lui – qu'entre trois et sept ans nous établissons un « plan de vie » en fonction même de notre *position existentielle* (vue plus haut) et de l'influence de nos parents biologiques ou substitutifs.

Cette position est le résultat de leurs *permissions, interdictions, prescriptions* et *programmes*, reçus sous forme verbale ou non. Autant de « messages parentaux » que nous allons examiner au cours de cette étape.

C'est avec ces messages réunis – qui ont l'inconvénient d'être contradictoires ! – que chacun de nous a constitué son plan de vie, appelé par Berne le SCÉNARIO. Il est devenu notre « cadre de référence », sorte de « sas » à travers lequel nous filtrons la réalité pour l'adapter à nos *croyances* et prendre nos *décisions.*

Ce dispositif précoce nous permet d'écrire et de mettre en scène en permanence la progression de notre propre histoire, à la manière d'un film à épisodes – du type *Dallas* ou *Les Feux de l'amour* –, dont nous sommes aussi… la vedette, tout au long de notre existence. Autant qu'à notre besoin d'organisation du temps, le scénario répond à notre demande de structuration spatiale et relationnelle.

Si les enregistrements du scénario contiennent les éléments positifs de notre développement personnel, ils comportent aussi des contraintes auxquelles nous nous assignons, parfois à vie.

Comme « antidotes » à ces décisions primordiales issues d'un « ailleurs et autrefois », et souvent aliénantes, l'analyse transactionnelle nous propose son concept de « redécision », ici et maintenant, dans le sens même de notre *autonomie individuelle à conquérir.*

C'est son objectif ultime.

1er Jalon
La matrice de scénario

Le conditionnement parental que nous venons d'évoquer, qui caractérise la formation de notre « script », est schématisé sur un diagramme appelé « matrice de scénario ». Claude Steiner, son auteur, l'articule ainsi :

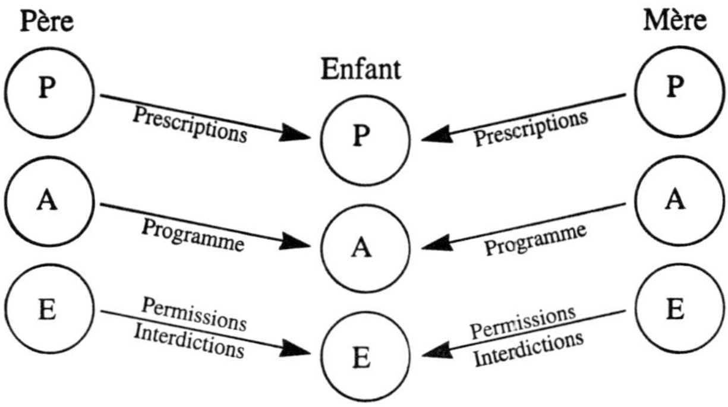

Nous voyons très bien sur ce schéma (comme précédemment, les cercles sont « détachés » les uns des autres pour faciliter la lecture) les véritables « pressions » qui sont opérées par les états du Moi du père et de la mère sur les états du Moi correspondants de leur enfant. C'est à partir de ces influences contradictoires, à la fois fondations et matériaux de construction, que celui-ci décidera de bâtir sa vie. Autrement dit, de devenir un *gagnant,* un *non-gagnant* ou un *perdant,* options de l'A.T. que nous aborderons plus loin.

2e JALON
L'APPAREIL SCÉNARIQUE

Par le terme «appareil scénarique», l'analyse transactionnelle désigne à la fois le «moteur» de notre scénario de vie – dont nous allons examiner les pièces constitutives reçues de nos parents – et le «véhicule» que lesdites pièces animent, et qui «font avancer» ce scénario vers le but, positif ou négatif, que nous nous sommes fixé.

Découvrons le mécanisme de ces messages parentaux.

1. Les interdictions et les permissions

En provenance de l'Enfant de nos parents, ces messages, d'abord non verbaux, sont reçus pêle-mêle et interprétés par le nourrisson que nous fûmes. Cajolé, caressé, il comprend «existe!» Trop serré, étouffé de baisers, il peut en déduire: «n'existe pas!». La peau douce de Maman exprime «sois proche!», alors que la joue piquante de Papa va signifier «ne sois pas proche!». Ces ambiguïtés parentales sont à même de devenir ensuite préférentiellement (mais pas obligatoirement) une série d'*interdictions.*

Celles-ci (encore appelées *injonctions*) ont été répertoriées par les psychologues américains Mary et Robert Goulding. Voici les dix principales listées au fil de leurs travaux cliniques, récemment complétées par d'autres confrères (→) :

N'existe pas, ne grandis pas, ne pense pas, n'agis pas, n'aie pas d'émotions, ne réussis pas, ne sois pas sain d'esprit, ne sois pas bien portant, ne te lie pas, ne sois pas intime → n'aie pas de valeur, ne sois pas toi-même, ne sois pas de ton sexe, ne sois pas de ta race, ne sois pas de ton âge, ne sois pas soigné, ne te montre pas, ne sois pas adulte, etc.

Il est important de souligner à propos de ces messages négatifs:

– qu'ils correspondent à des déductions faites par l'enfant à partir de «subtilités verbales», de moqueries répétées ou de mauvais «traits d'humour» de ses parents, mais non à des sentences mot à mot prononcées (par exemple: des sobriquets tels que «sans toi on ferait» ou «trop tôt venu» peuvent être respectivement interprétés comme des interdictions: *n'existe pas* et *ne te montre pas*).

– qu'ils ont tous leurs pendants positifs – existe, grandis, pense, agis, aime, etc. – c'est-à-dire des messages encourageants ou ressentis comme tels, clairement formulés et qui constituent les «permissions» nécessaires au bon développement de tout enfant.

L'appareil scénarique peut donc comprendre, dés le départ, une articulation «interdictive» ou «permissive».

2. Les prescriptions (ou directives)

En provenance du Parent de nos parents, elles expriment les jugements de valeur. Croyant bien agir, ceux-ci nous ont inculqué une foule de principes qui sont devenus de *véritables consignes*.

Elles ont été regroupées en cinq prescriptions principales, dites «messages contraignants» (traduits de l'américain «drivers», un concept de Taibi Kahler), à savoir:

– *Sois parfait* (ne laisse rien au hasard).

C'est le cas de ce perfectionniste qui tient à ce que toutes les pendules de la ville indiquent la même heure, à la minute près. Il n'hésite donc pas pour ce faire, à escalader un bec de gaz!

– *Fais plaisir* (satisfais toujours les autres).

Nous connaissons tous des gens qui s'évertuent à vouloir contenter tout le monde et passent ainsi leur vie à «cirer les pompes» de leur entourage pour, croient-elles, s'en faire aimer!

– *Acharne-toi* (fais sans cesse des efforts).

Nombre de personnes pensent devoir rendre difficiles toutes leurs activités, comme ce sportif qui se croit obligé de ramer malgré la présence d'un moteur et d'une voile sur son bateau!

– *Sois fort* (ne montre pas tes émotions).

Il a été appris à certains d'entre nous que montrer son ressenti équivaut à se dévaloriser aux yeux des autres, tel ce présentateur de télévision qui sourit en tremblant de tous ses membres !

– *Dépêche-toi* (presse-toi en permanence).

Certains d'entre nous s'agitent toute la journée, commencent tout et ne finissent rien, courent sans arrêt, se débrouillent pour être en retard et évidemment… ratent leur train !

Meyer Ifrah, psychologue français, a observé dans sa pratique un sixième « message contraignant » qu'il nomme :

– *Sois conforme* (ne te fais pas remarquer).

Il s'agit pour l'intéressé de se fondre dans la masse pour ressembler aux autres. Tel chaque Français qui, soi-disant, porte un béret et une baguette de pain… et se fait ainsi remarquer !

D'après Taibi Kahler, nous sommes tous quotidiennement inféodés à un, voire deux, de ces messages contraignants.

LES MESSAGES CONTRAIGNANTS
(SOIS PARFAIT)

LES MESSAGES CONTRAIGNANTS
(FAIS PLAISIR)

LES MESSAGES CONTRAIGNANTS
(ACHARNE-TOI)

LES MESSAGES CONTRAIGNANTS
(SOIS FORT)

LES MESSAGES CONTRAIGNANTS
(DÉPÊCHE-TOI)

LES MESSAGES CONTRAIGNANTS
(SOIS CONFORME)

3. Le programme

Émanant de l'Adulte de nos parents, il constitue notre « comment faire » et, partant, une sorte de compromis entre *interdictions* et *permissions.*

Souvent reçu du parent du même sexe que l'enfant, le programme véhicule un mélange d'idées toutes faites et de conseils pratiques. Exemples :

– Les bons médecins sont généralistes !

– Il est indispensable de parler anglais pour réussir !

– En choisissant un métier, il faut d'abord penser à la sécurité de l'emploi !

C'est de ce système complexe, lentement élaboré, à partir d'informations teintées de croyances que naît la « décision ».

4. La décision

Les influences contradictoires « emmagasinées », en provenance du père et de la mère, rendent les choix de l'enfant difficiles au plan du « quoi faire » dans la vie.

« Je serai docteur comme Papa », se dit ce garçon de sept ans. Devenu adulte, il sera effectivement médecin mais psychiatre (réponse à l'injonction maternelle ironique : « À force de lire, tu finiras à l'asile ! »).

Pour faire plaisir à son père, policier, rigoureux observateur de la loi, qui la traite de « garçon manqué », et à sa mère, femme de ménage dans une administration, une petite fille décidera de devenir contractuelle.

Berne raconte l'histoire d'une jeune femme canadienne, prisonnière à la fois d'une révélation de son père : « Ta mère est morte en te mettant au monde » (traduite par l'injonction : « Ne vis pas, sois coupable ! ») et d'une directive quotidienne : « Attention, le froid peut être mortel ! » ; elle se jeta dans les eaux glacées de l'Hudson, en manteau et bottes de fourrure. « Rassurez-vous », précise Berne, on la sortit du fleuve et elle survécut !

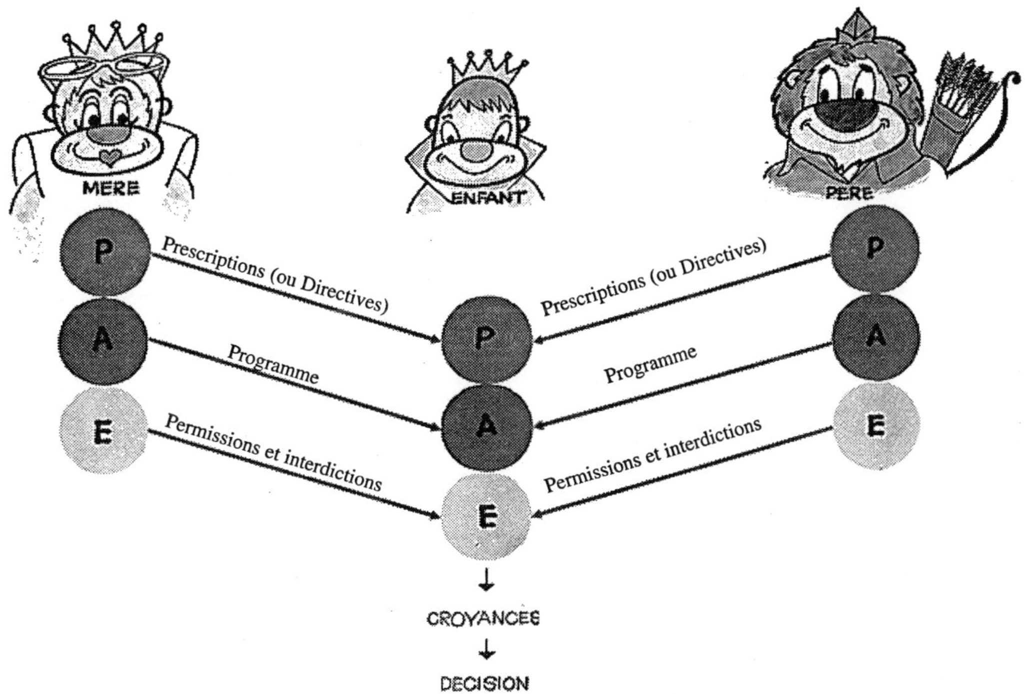

LES ÉLÉMENTS DE L'APPAREIL SCÉNARIQUE

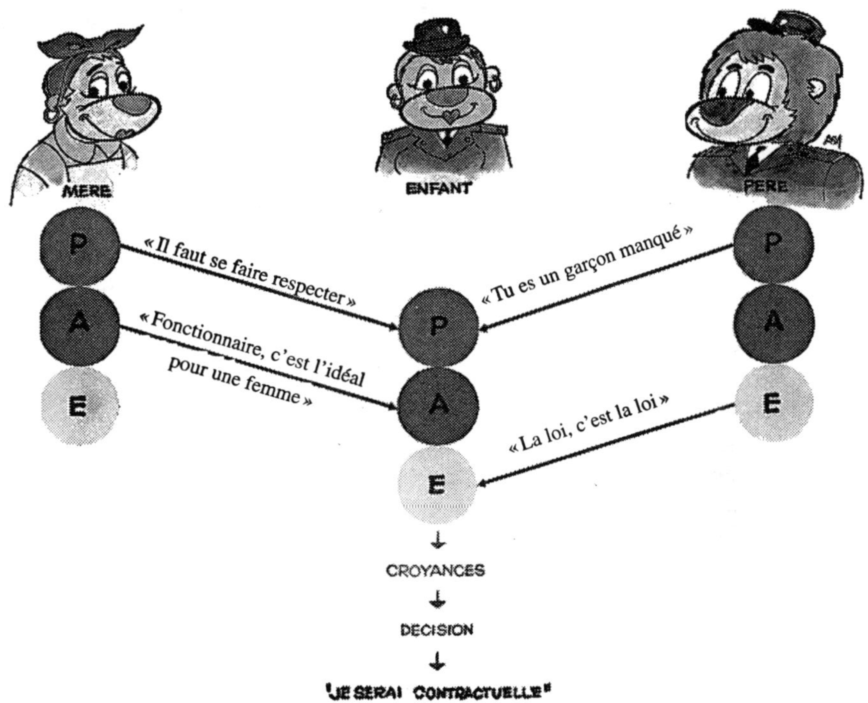

LE SCÉNARIO (LA CONTRACTUELLE)

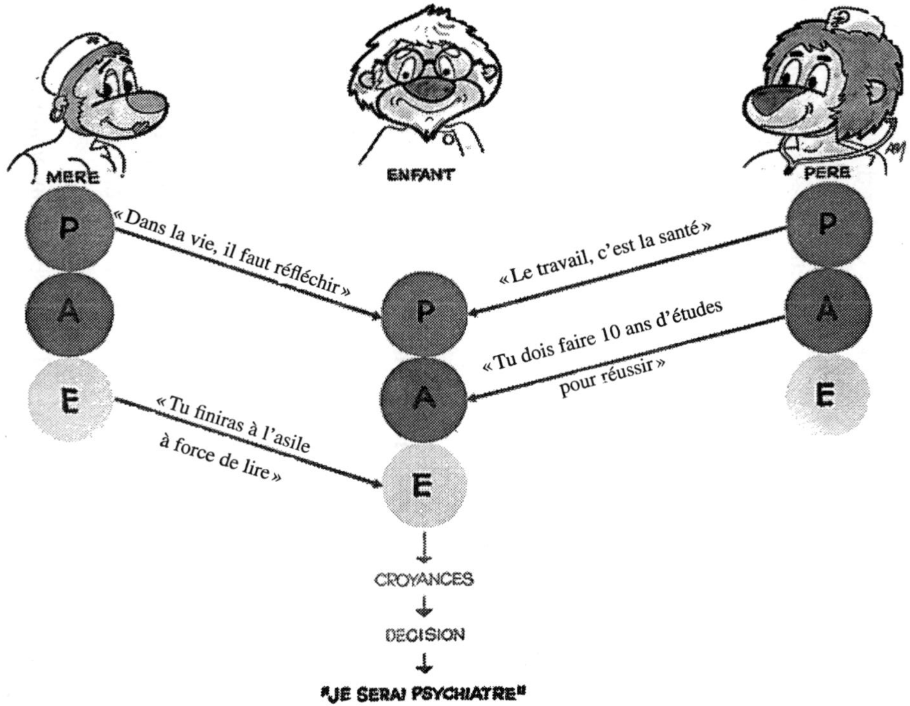

LE SCÉNARIO (LE PSYCHIATRE)

3e JALON
LES DIFFÉRENTES FORMES DE SCÉNARIOS

Nous venons de comprendre *comment* fonctionne le « véhicule-scénario ». Voyons maintenant *où* il peut nous emmener.

L'A.T. observe l'existence de six grands types de scénarios, issus à la fois de six croyances de base et des diverses injonctions reçues de l'environnement éducatif. Ils sont susceptibles de conditionner toute une vie ! Ces scénarios – que l'on peut retrouver dans la mythologie grecque – sont ainsi brièvement nommés :

1. Jamais (interdiction)

a) Exemple de croyance : « *Jamais* je ne me marierai ! »

b) Exemple d'injonction : « Tu ne seras *jamais* un chef ! »

Malgré son désir, le sujet s'empêche, par peur, d'atteindre son but (mythe du supplice de Tantale).

2. Toujours (condamnation)

a) Exemple de croyance : « Je serai *toujours* timide ! »

b) Exemple d'injonction : « Tu seras *toujours* un fantaisiste ! »

La personne s'astreint à pérenniser une réputation, un comportement, une tâche (mythe d'Arachné).

3. Avant ou Jusqu'à (attribution conditionnelle)

a) Exemple de croyance : « Je ne serai pas un homme *avant* d'avoir une voiture ! »

b) Exemples d'injonction : « Tu ne seras pas vraiment épanouie *avant* ton troisième enfant ! », « Tu resteras un gamin *jusqu'à* ton mariage ! »

Les intéressés ont déduit que le bonheur doit se mériter par une attente (mythe de Jason).

4. Après (interdiction subordonnée au temps)

a) Exemple de croyance : «*Après* cinquante ans, je n'ai (ou je n'aurai) plus le droit d'aimer ! » (espièglement dit : « Bonjour lunettes, adieu conquêtes » !).

b) Exemple d'injonction : « Tu ne seras plus créatif après quarante ans ! »

Le sujet pense qu'on ne peut plus profiter de la vie et qu'on n'est plus « bon à rien » passé une certaine limite d'âge (mythe de Damoclès).

5. Sans cesse ou Presque (prescription de non-aboutissement)

a) Exemple de croyance : « Je dois séduire *sans cesse* pour vivre ! » (donc ne jamais aimer vraiment pour ne pas m'attacher).

b) Exemple d'injonction : « Tu dois *sans cesse* étudier ! » (sous-entendu : « les études sont plus importantes qu'un diplôme »), « Tu deviendras *presque* médecin ! » (sous-entendu : « reste étudiant, ne présente jamais ta thèse »).

Pour certaines personnes, il ne faut surtout pas s'arrêter en route, ne rien achever, ne jamais « poser son sac », donc toujours recommencer, ce qui donne l'illusion qu'il n'y a pas de fin aux choses (mythe de Sisyphe).

6. Trop court ou Sans fin (directive interrompue)

a) Exemple de croyance : « La vie devient *trop courte* sans le travail ! »

b) Exemple d'injonction : « Les jours te paraîtront *sans fin* quand tu seras en retraite ! »

Les gens « sous injonction » qui n'ont pas préparé leur retraite sont anxieux à l'idée du temps libre à venir, persuadés qu'ils vont s'ennuyer... et font en sorte de s'ennuyer le moment venu (mythe de Philémon et Baucis).

La description de ces scénarios par des exemples montre, à l'évidence, leur aspect restrictif, sinon négatif. Cette « obéissance », qui s'apparente à un véritable enchaînement, n'apparaît pas toujours clairement à leurs « titulaires » qui ont pourtant intérêt à en prendre conscience… pour se libérer !

LE SCÉNARIO
LES INTERDICTIONS (OU INJONCTIONS)
SCÉNARIO « JAMAIS »
« Jamais je ne me marierai ! »

LE SCÉNARIO
LES INTERDICTIONS (OU INJONCTIONS)
SCÉNARIO « TOUJOURS »
« Je serai <u>toujours</u> timide ! »

LE SCÉNARIO
LES INTERDICTIONS (OU INJONCTIONS)
SCÉNARIO « AVANT »
« Je ne serai pas un homme avant d'avoir une voiture ! »

LE SCÉNARIO
LES INTERDICTIONS (OU INJONCTIONS)
SCÉNARIO « APRÈS »
« Après cinquante ans,
je n'ai plus le droit d'aimer ! »

LE SCÉNARIO
LES INTERDICTIONS (OU INJONCTIONS)
SCÉNARIO « SANS CESSE »
« Je dois séduire sans cesse pour vivre ! »

LE SCÉNARIO
LES INTERDICTIONS (OU INJONCTIONS)
SCÉNARIO « TROP COURT »
« La vie devient trop courte sans le travail ! »

TERME DU PARCOURS
LE SCÉNARIO COMME VIATIQUE

Et vous dans tout ça?! Vous avez certainement repéré au cours de cette étape, comment a évolué ou évolue votre propre scénario: sur le mode *permissif* ou *restrictif,* en fonction même de l'interprétation des messages parentaux que vous avez reçus et assimilés.

Surtout pas d'inquiétude après votre constat! ni de rancune rétroactive éventuelle – parce que douloureuse et consommatrice d'énergie – contre un «autrefois et ailleurs». Nous avons tous reçu de nos éducateurs des «fais pas ci, fais pas ça», donnés sincèrement «pour notre bien» et constitutifs des matériaux de construction de notre scénario, ce plan de vie «en marche». C'est-à-dire *modifiable*, comme le dit pertinemment Berne.

Cette prise de conscience et le repérage de ces possibles entraves effectués, il est de fait important de vous répéter qu'à une interdiction enregistrée correspond une *permission* que l'on peut, à tout instant, *se donner à soi-même.*

Ainsi ces directives parentales premières que vous avez éventuellement traduites par des messages «autobloquants» et souvent destructeurs – du genre: «reste un enfant, fais en sorte d'échouer, ne fréquente personne» – peuvent se transformer, si vous le voulez vraiment, en initiatives heureuses.

«Deviens un homme confiant, une femme épanouie»; «Prépare et entretiens le succès»; «Estime-toi, estime les autres et vas vers eux sans préjugés»: il vous est loisible de vous «dicter» ces nouveaux messages et de les transformer en actes effectifs et positifs correspondants.

Oui, REDÉCIDER – résolution à laquelle, dans son langage, l'A.T. vous invite – c'est possible!

La démarche peut se faire seul(e) ou accompagné(e) dans le cadre d'une assistance psychologique, si vous jugez que la pression inhibitrice est trop forte. Dans la ligne même de Berne, nous ne voulons pas considérer pour notre part, un plan de vie comme définitif. Notre Petit Professeur préfère le voir, suivant l'illustration ci-après, comme un viatique reçu des P.A.E. parentaux, composés au gré de notre imagination, de trois outils symboliques :

– un code de la route (prescriptions/directives) ;

– une carte routière (programme) ;

– un disque ou ticket de stationnement (permissions-interdictions).

Autant de documents – certes virtuels mais nécessaires – à transposer pour nous permettre de choisir, modifier ou interrompre à discrétion notre route et bien conduire – comme une voiture – notre vie même.

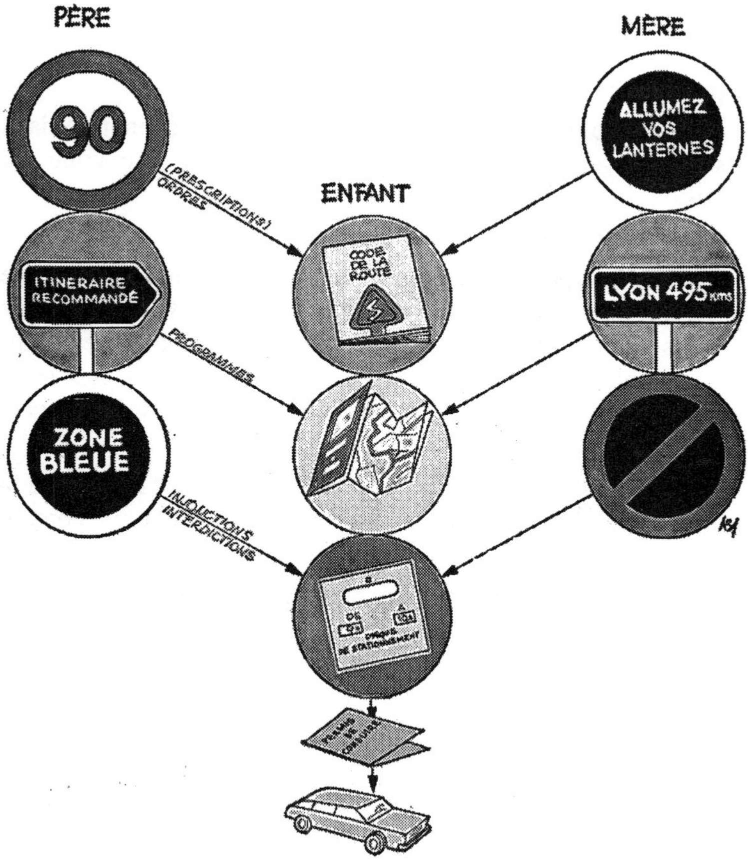

LES OUTILS SYMBOLIQUES DU SCÉNARIO

Après cette métaphore en forme de clin d'œil, nous ne manquerons pas d'indiquer enfin que l'A.T. a coutume de diviser les scénarios, et donc leurs acteurs, en trois catégories :

– Les GAGNANTS, au sens épanouissant du mot – et non bien entendu en termes financiers –, qui se réalisent avec eux-mêmes et les autres (position de vie « OK+, OK+ »).

– Les NON-GAGNANTS, éternels seconds (scénario « presque » et position de vie « OK-, OK+ »).

– Les PERDANTS qui gâchent leur temps et leur énergie dans des jeux psychologiques... et passent à côté de leur vraie vie (position de vie « OK-, OK- »)

Dans quelle catégorie vous classez-vous ?

Si vous êtes perplexes, amusez-vous à vous rappeler le conte de fée préféré de votre enfance. Oui, celui que vous réclamiez tous les soirs avant de vous endormir ! Vous découvrirez peut-être avec étonnement que le héros de l'histoire, au fil même de ses aventures, n'est autre que vous-même, avec le scénario correspondant !

Mais après cette lecture et vos exercices, le Petit Poucet ou la Belle au bois dormant vous conviennent-ils toujours comme modèles ?

Il n'est jamais trop tard pour bien faire. Vous pouvez encore vous *redécider* pour le Chat botté ou Cendrillon. Ou, pourquoi pas, vous choisir par la grâce de dame Télévision – notre incontournable « Parent cathodique » – une nouvelle figure emblématique des temps modernes !

CLASSIFICATION DES SCÉNARIOS

FEUILLE DE ROUTE N° 20

VOTRE SCÉNARIO

Vous êtes le réalisateur, le dialoguiste, le décorateur et l'acteur principal du film de votre vie.

☞ Concevez-en l'affiche (et illustrez-la si vous savez dessiner).
☞ Donnez-lui un titre et une « accroche » résumant l'intrigue.
☞ Indiquez autour de votre nom, la distribution du scénario, la musique choisie, les lieux de tournage, etc.
☞ Imaginez le titre du prochain épisode : ....

POINT FINAL

« Il n'est d'être humain qu'en relation. »
ÉRIC BERNE.

Vous venez de franchir la ligne d'arrivée de notre excursion au pays de l'analyse transactionnelle. Bravo !

Avec la complicité de ce livre-dialogue, de ses exercices et de ses exemples au quotidien, vous vous êtes d'abord rencontré vous-même, étonné peut-être, découvert qui sait, amusé nous l'espérons, et bien sûr, mis dans tous vos états... du Moi.

Par feuilles de route interposées, de transactions en signes de reconnaissance, nous avons échangé, « joué », structuré le temps ensemble. Et de saines émotions en bons sentiments, au fil de votre scénario, vous vous êtes fait... votre cinéma !

Bref, sur le mode ludique et humoristique, vous venez d'expérimenter ce qu'est essentiellement l'analyse transactionnelle : **un modèle optimiste et généreux de communication, avec soi et les autres.**

CHANGER

Miroir ou rétroviseur ? Polaroïd ou caméscope ? En tant qu'instrument exploratoire des échanges inter-humains, et par là, de la vie en mouvement, l'A.T. est un peu tout cela à la fois.

Mais attention à ce qu'elle n'est surtout pas :

– Un substitut de la psychanalyse. Rappelons que l'A.T. – qui, si l'on peut dire, en est la fille mais non la sœur – a sa vie propre. Elle veut agir « ici et maintenant », sur le *conscient* de la personne, dans le but de son épanouissement personnel et relationnel, avec son concours actif. Elle ne remplace donc en aucune façon la « cure analytique » qui, elle, vise par une exploration répétée de l'*inconscient* – à type de reviviscence de situations conflictuelles passées – principalement au traitement des névroses.

– Un outil adaptable, style clé anglaise, à même de manœuvrer notre environnement. Aucune secrétaire, sortant d'un stage d'analyse transactionnelle, n'a encore transformé à sa convenance, ses collègues ou son patron ! Ça se saurait !

Parce qu'à l'évidence, sur ce dernier point, on ne change pas les autres. Et d'ailleurs, vous demandez-vous peut-être après cette lecture : est-il vraiment possible de se changer soi-même et d'évoluer avec une « simple » méthode relationnelle ?

Bien entendu, non, si l'on entend ainsi se glisser dans une nouvelle personnalité robotisée et, pourquoi pas, remplacer son programme génétique comme une carte de téléphone !

Assurément, oui, s'il s'agit de comprendre le changement comme un « élargissement volontaire de sa vision du monde et l'adoption consentie de nouvelles conduites de vie ».

Changer, en termes d'analyse transactionnelle, c'est effectivement donner une nouvelle dimension à ses états du Moi, dans l'ordre où « ailleurs et autrefois », ils se sont formés.

Alors, fort de toutes fraîches permissions, votre Enfant *osera* regarder au lieu de voir, écouter plus qu'entendre, sentir et ressentir, toucher, goûter le monde autrement, avec ses sens « revitalisés ». Et il se permettra aussi de rire, de pleurer, de créer, d'aimer. N'est-il pas précisément grand temps de retrouver l'Amour, avec un grand A ?

Alors, débarrassé de sa gangue de préjugés, votre Parent *acceptera* une relation à l'autre, exempte d'opinions hâtives, où tolérance rimera avec bienveillance. Pour que les mots conviviaux du quotidien, simples comme « bonjour », « pardon », « merci », trop souvent négligés sinon oubliés – mais qui, par définition nous relient aux autres dans la grande chaîne vocale –, retrouvent leur droit de cité.

Alors, enrichi de connaissances supplémentaires, votre Adulte *décidera* ou *redécidera,* en toute autonomie, d'agir, d'entreprendre, de réaliser et de se réaliser. Sans jeu ni autoparasitage de sentiments inadaptés, avec le respect du vis-à-vis et dans un esprit d'égalité psychologique.

En clair, nous sommes ici devant le scénario du « gagnant » précité : « gagner » – encore une fois sans idée d'enrichissement pécuniaire – au sens noble de s'ouvrir, s'épanouir, non au détriment des autres mais avec eux. Parce que *changer* c'est aussi *bien échanger*. Et, en un autre joli mot, c'est GRANDIR !

REDÉCIDER

Se voulant avant tout pratique, l'analyse transactionnelle ne prend pas en compte le « pourquoi » mais d'abord le « comment » de la personne. À ce titre, l'une de ses originalités – encore une ! – réside dans la notion de « contrat ».

Vous aspirez à un changement dans votre vie ? Vous en serez le véritable acteur responsable, en signant et datant avec vous-même (sur « papier libre » !) un contrat de modification de comportement. Par exemple :

– si vous souhaitez maigrir, cesser de fumer, faire du sport, élargir votre réseau relationnel (contrat « doux ») ;

– si vous devez choisir entre plusieurs solutions : avoir ou pas des enfants, divorcer ou non, déménager, changer de situation (contrat « optionnel ») ;

– si vous voulez décider de ne plus fonctionner sur vos messages contraignants : transformer votre « fais plaisir » en « fais-toi plaisir » ou votre « dépêche-toi » en « prends ton temps » (contrat « dur »...parce que demandant un effort soutenu).

Beaucoup de gens réussissent à négocier seuls de tels contrats avec eux-mêmes à l'aide de livres pratiques. En prenant toutefois la précaution de recenser d'abord toutes les formes de « sabotages » qu'ils sont susceptibles de mettre en place pour... ne pas réaliser leur projet. Une des composantes bien connues de la « résistance au changement » !

D'autres souhaiteront, en plus d'une assistance livresque, celle d'un thérapeute – compétent en sciences humaines et sérieusement formé à l'analyse transactionnelle – qui jouera le rôle de témoin actif de la « redécision ». Cette démarche s'effectue généralement, telle que l'a pensée Berne, en *groupes* de huit à dix participants maximum, avec l'intérêt d'une dynamique spécifique. Un cheminement individuel peut être préféré, toujours auprès d'un spécialiste, qui reçoit son « client » (terme choisi par l'A. T.) en face à face.

Ces pratiques s'inscrivent dans le cadre des *thérapies humanistes* dites « brèves », c'est-à-dire de sessions qui s'étalent en principe sur une année, à raison, par exemple, de trois ou quatre heures tous les quinze jours (en semaine ou pendant le week-end) pour les groupes et d'une heure, une ou deux fois par semaine, pour le client seul.

Nous confions à votre Adulte la responsabilité de votre stratégie, selon vos goûts et sachant que le principe du « groupe » – dont la variété même des membres correspond bien à la culture américaine – ne convient pas forcément à tout un chacun sur notre continent. Un essai pendant quelques semaines n'est donc pas inutile, plutôt que de « s'embarquer » sur-le-champ pour un an. Notez enfin que le prix des séances, non remboursées par notre Sécurité sociale, est négociable selon la formule choisie (stage individuel, en couple, convention d'entreprise, durée, etc.) et sa « destination ».

Si vous optez pour un « accompagnement », vous trouverez plus loin les coordonnées de plusieurs spécialistes et groupements.

CONCLURE

Il convient de souligner que l'analyse transactionnelle, en tant que modèle de communication, est non seulement intéressante pour les demandeurs de développement personnel mais aussi pour toutes les « activités de contact » et leurs praticiens, tels que :

– les travailleurs sociaux (assistants et assistantes sociales, éducateurs et éducatrices, etc.) ;

– les médecins de toutes spécialités et les professions de santé (infirmiers, infirmières, kinésithérapeutes, etc.) ;

– les psychothérapeutes, psychologues et sociologues (dont

précisément celles et ceux qui veulent se spécialiser en A.T. par le biais d'un cursus didactique institutionnel) ;

– les professions libérales (juges, avocats, notaires, huissiers, architectes, experts-comptables, publicitaires, etc.) ;

– les métiers d'accueil et d'information (hôtesses, standardistes, guides de musée, accompagnateurs touristiques, etc.) ;

– les personnels d'entreprises et d'usines *à tous les échelons* (dirigeants, directions des relations humaines et de la communication, encadrement, maîtrise, employés, force de vente, etc.) ;

– les personnels des administrations, des armées, de l'enseignement et aussi des associations, dans leur grande diversité.

Nous le voyons, l'A.T. offre une vaste possibilité d'utilisation au quotidien qui dépasse très largement le cadre de la thérapie et de ses « cliniciens ». De la sorte, au-delà de son approche pathologique, la philosophie « centrée sur l'homme », qu'elle ne manque pas de véhiculer dans tous ses domaines d'intervention, ne peut que favoriser aussi une fructueuse réflexion individuelle.

Le grand mérite d'Éric Berne n'a-t-il pas été de décoder cette longue carte perforée de limonaire qui se déroule en nous jusqu'à la mort ? Nous sommes tous le résultat d'un passé. De cet « ailleurs et autrefois », pétri de paroles et de gestes, de « projectiles » et de caresses, inscrits dans notre corps depuis l'enfance, qui font de chacun de nous, un roman vivant.

Une vie, comme un film de Claude Lelouch, toujours recommencé, de *Un homme et une femme* à *La Belle Histoire,* peut être une réussite ou un échec. Selon notre perception, nous voyons la nôtre sur un petit écran ou en cinémascope. En cela, la « théorie de la personnalité » que nous venons d'étudier nous donne la possibilité, si nous le voulons, de porter un regard panoramique autour de nous.

Qu'il nous soit permis de terminer notre ouvrage par un ultime sourire. Le fondateur de l'A.T., auquel nous nous sommes constamment référé, désirait que sa méthode soit accessible au plus grand nombre avec un langage facile et teinté d'humour. Dans cet esprit même, nous vous proposons le résumé de nos dix étapes sous forme de « dix commandements » (qui ne se veulent vraiment pas autoritaires !) transformés en « programmes », d'une simplicité… biblique.

* *Parent, Adulte, Enfant tu auras, ton MOI ainsi découvriras.*
* *Tous tes ÉTATS tu écouteras, harmonieusement les vivras.*
* *Aucun ÉTAT tu n'excluras, et réunis les aimeras.*
* *TRANSACTIONS doubles tu éviteras, complémentaires préféreras.*
* *STIMULATIONS tu donneras, RECONNAISSANCE recevras.*
* *Au mieux ton TEMPS tu structureras, INTIMITÉ n'esquiveras.*
* *Aux JEUX tu ne t'adonneras, dans ceux des autres n'entreras.*
* *POSITIF tu te voudras, NÉGATIF jamais ne seras.*
* *Tes ÉMOTIONS tu libéreras, tes SENTIMENTS maîtriseras.*
* *Ton SCÉNARIO tu évalueras, si besoin le… REDÉCIDERAS !*

Au commencement, déjà, était l'analyse transactionnelle !

CARNET DE BORD
FEUILLET 1

Profil séquentiel de vos positions de vie

Feuilles de route	OK+/OK+	OK+/OK-	OK-/OK+	OK-/OK-
N° 1	•	•	•	•
2	•	•	•	•
3	•	•	•	•
4	•	•	•	•
5	•	•	•	•
6	•	•	•	•
7	•	•	•	•
8	•	•	•	•
9	•	•	•	•
10	•	•	•	•
11	•	•	•	•
12	•	•	•	•
13	•	•	•	•
14	•	•	•	•
15	•	•	•	•
16	•	•	•	•
17	•	•	•	•
18	•	•	•	•
19	•	•	•	•
20	•	•	•	•
Totaux	••	••	••	••
Votre position de vie dominante: OK.../OK...	Votre analyse:			

Chaque exercice vous a permis de vous situer par rapport à vous-même et aux autres. Dans quelle position de vie avez-vous effectué chacun d'eux?

1. Matérialisez cette position par une croix dans la colonne correspondante.
2. Joignez ensuite les croix par un trait pour obtenir le profil de vos positions de vie.
3. Totalisez les croix dans chaque colonne pour déterminer votre position de vie dominante.
4. Analysez le profil obtenu.

CARNET DE BORD
FEUILLET 2

Votre score final

Réfléchissez à votre investissement et à vos acquisitions après la lecture de ce livre et vos exercices.

1. Notez de 1 à 5 chacun des critères proposés en regard de chaque étape.
2. Additionnez vos points horizontalement et verticalement pour déterminer votre score final (sur 1 000 points).

Critères par état du Moi	Étapes										
	1 La personnalité	2 Les états du moi	3 Les dysfonct. des états du moi	4 Le dialogue	5 Les stimulations	6 La struturation du temps	7 Les jeux psychologiques	8 Les positions de vie	9 Émotions et sentiments	10 Le scénario	Totaux
Votre sens critique Ⓟ											
Approbation											
Opposition											
Votre analyse Ⓐ											
Raisonnement											
Enrichissement											
Communication											
Organisation											
Décision											
Résolutions											
Autonomie											
Changement											
Votre ressenti Ⓔ											
Joie/enthousiasme											
Peur/crainte											
Colère/agressivité											
Tristesse/nostalgie											
Créativité											
Humour											
Aspect ludique											
Curiosité											
Source d'énergie											
Optimisme											
Totaux											

Vos commentaires	Score final
....	....
....	/1 000 points)

CARNET DE BORD FEUILLET 3

Vos redécisions

1. Après examen de mon égogramme, je veux activer mes états et sous-états du Moi :

....

et désactiver mes états et sous-états du Moi :

....

2. Vérifications effectuées, j'abandonne les préjugés ci-après :

....

3. Lors de mes échanges, je vais désormais veiller à préférer :
les transactions :...
aux transactions : ....

4. J'ai envie de donner les stimulations positives suivantes :

....

Je souhaite recevoir celles-ci :

....

5. Après analyse de mon structurogramme, je décide de redistribuer mon temps ainsi :

....

6. Pour éviter d'entrer dans les jeux psychologiques, je m'impose dès à présent de :

....

7. Ma position de vie la plus fréquente est : ....
Pour améliorer ma relation aux autres, j'adopte les comportements suivants :

....

....

8. Je dois laisser s'exprimer davantage mon(mes) émotion(s) de base :

....

J'ai repéré mon(mes) sentiment(s) parasite(s) :

....

Je peux ainsi exprimer mes sentiments retrouvés :

....

J'arrête la « collection de timbres » commencée avec :

....

Je vais lui faire part de mes reproches qui sont :

....

J'ai pris conscience d'un sentiment « élastique » à l'occasion de :

....

Je veux le « décrocher » de la façon suivante :

....

9. Mes obstacles à l'action sont :

....

Je vais les surmonter en : ....

10. Après écoute de mes Parent, Adulte et Enfant :

Je ne veux plus...

Et je veux...

En conséquence, je signe avec moi-même le présent contrat de changement.

le....................

Signature :

CARNET DE BORD
FEUILLET 4

Vos conclusions générales

☞ Après comparaison de mes réponses au questionnaire initial (feuille de route n° 1, page 17) avec mes redécisions (page 285) je constate que :

....
....
....
....
....
....
....

☞ J'ai fait tous les exercices proposés. Ils m'ont permis de remarquer que :

....
....
....
....
....
....
....

☞ Je n'ai pas fait tous les exercices proposés parce que :

....
....
....
....
....
....
....

☞ Ce livre-dialogue m'a permis de :

....
....
....
....
....
....
....

☞ Ce livre-dialogue ne m'a pas permis de :

....
....
....
....
....
....
....

☞ Mes commentaires finaux sont :

....
....
....
....
....
....
....

BIBLIOGRAPHIE

EN FRANÇAIS

Que dites-vous après avoir dit bonjour ?, Éric Berne, Tchou.

Des jeux et des hommes, Éric Berne, Stock.

Vocabulaire de l'analyse transactionnelle, Alain Cardon, Laurent Mermet, Les Éditions d'organisation.

Le Triple Moi, Gysa Jaoui, Éditions Robert Laffont.

L'Analyse transactionnelle, Gérard Chandezon, Antoine Lancestre, collection « Que sais-je ? », P.U.F.

Analyse transactionnelle et Relations de travail, Dominique Chalvin, Éditions E.S.F.

L'Analyse transactionnelle, outil de communication et d'évolution, Alain Cardon, Vincent Lenhardt, Pierre Nicolas, Les Éditions d'Organisation.

D'accord avec soi et les autres, Thomas Harris, Éditions E.P.I.

EN ANGLAIS

Egograms. How I See You and You See Me, John Dusay, Harper and Row, New York.

All My Children, J.L. Schiff, Pyramid, New York.

Changing Lives Through Redecision Therapy, M. and R. Goulding, Bruner and Mazel, New York.

Scripts People Live. The Analysis of Life-Scripts, Claude Steiner, Grove Press, New York.

Games Students Play and What to Do About Them, F. Ernst, Celestial Arts, Milbrae.

ADRESSES UTILES

EN FRANCE

Institut français d'analyse transactionnelle
1, rue de Metz, 75010 Paris, tél. : 01 47 70 22 62

2C Formation
15, rue Faraday, 75017 Paris, tél. : 01 42 27 33 77

Gysa Jaoui
4, rue Henri-Regnault, 75014 Paris, Tél. : 01 45 43 23 04

Rémy Filliozat
35, rue Coulmiers, 75014 Paris, tél. : 01 45 39 53 33

Éric Leybold Communication
52, rue Jean-Jaurès, 94800 Villejuif, tél. : 01 46 78 48 12

EN BELGIQUE

Association belge d'analyse transactionnelle
32, rue Rénier-Chalon, 1060 Bruxelles

AU CANADA

Association canadienne d'analyse transactionnelle
Lisgar Street, 190, Ottawa
Ontario K2POC4

EN SUISSE

Association suisse d'analyse transactionnelle
Chemin des Neyruaz
1297 Founex

Association européenne d'analyse transactionnelle
Case Grands-Prés 59
1211 Genève 16

AUX ÉTATS-UNIS

International Transactional Analysis association
Valléjo Street, 1772
94123 San Francisco
California

COMMUNIQUONS !

Amie lectrice, ami lecteur !

Vous souhaitez :

– exprimer une émotion, donner votre sentiment,

– demander un complément d'information sur l'analyse transactionnelle,

– obtenir une adresse,

– ou simplement échanger avec moi à propos de ce modèle de communication,

n'hésitez pas à m'écrire par l'intermédiaire des Éditions Jacques Grancher et je vous répondrai avec grand plaisir.

Transactionnellement vôtre !

GILBERT GARIBAL

F
I
N

TABLE DES MATIÈRES

Cet ouvrage a été imprimé
sur presse Cameron
par ***Bussière Camedan Imprimeries***
à Saint-Amand-Montrond (Cher)
en janvier 1999

N° d'impression : 990333/1.
Dépôt légal : février 1999.
Imprimé en France